Thomas Eholzer

Der Dienst der Ministranten

Thomas Eholzer

Der Dienst der Ministranten

als Chance für eine Hinführung von Kindern und Jugendlichen zum aktiven Mitvollzug der Liturgie

Fromm Verlag

Imprint

Publisher:
Fromm Verlag
is a trademark of
International Book Market Service Ltd., member of OmniScriptum Publishing Group
17 Meldrum Street, Beau Bassin 71504, Mauritius

Printed at: see last page
ISBN: 978-613-8-35669-1

Thomas Eholzer

Der Dienst der Ministranten

als Chance für eine Hinführung von Kindern und Jugendlichen zum aktiven Mitvollzug der Liturgie

Widmung:

Diese Arbeit widme ich
in Dankbarkeit und Hochschätzung:
meinem früheren Heimatpfarrer, Prälat Werner Plenker,
meinem derzeitigen Heimatpfarrer, Klaus-Peter Vosen
und
der Messdienergemeinschaft
von St. Maria in der Kupfergasse, Köln

Inhaltsverzeichnis:

Einleitung:

In fast allen katholischen Gemeinden und Kirchen der römisch-katholischen Liturgie trifft man auf junge Christen, die den Priestern und Diakonen bei der Feier der heiligen Messe und bei anderen liturgischen Feiern durch verschieden Hilfsdienste beistehen und in verschiedenen Rollen und Aufgaben beim Gemeindegottesdienst mitwirken und den Gottesdienst durch ihr Mittun lebendiger machen. Es sind die Ministranten (von lat. ministrantes = Dienende, in der Rubrikensprache unterschieden von den ministri = Diakonen), die mancherorts auch Messdiener, Altardiener oder auch Chorknaben genannt werden.
Im Jahr 2004 gab es laut einer Umfrage in Deutschland 393.000 junge Christen, die in ihrer Gemeinde den Ministrantendienst ausüben.[i]
Es ist die Gruppe junger Menschen, die wohl am engsten mit der Liturgie der römisch-katholischen Kirche in Kontakt treten. Es sind die jungen Christen, die am häufigsten in der gottesdienstlichen Versammlung der kirchlichen Gemeinden anzutreffen sind. Es sind junge Christen, die freiwillig und regelmäßig in den katholischen Gottesdienst, insbesondere die Messfeier, gehen.
Viele Erwachsene erzählen offen von ihrer Zeit als Messdiener und blicken gerne darauf zurück.
Seit wann gibt es eigentlich Ministranten? Wer waren die ersten Ministranten? Wie hat sich der Ministrantendienst in der Kirchengeschichte entwickelt?
Der erste Teil der Arbeit will versuchen diese Fragen zu beantworten.
In dieser Arbeit soll aufgezeigt werden, wie der Dienst der Ministranten entstanden ist und wie er sich im Lauf der Kirchengeschichte entwickelt hat. Dabei wird dargestellt, dass es biblische Grundlagen für den Ministrantendienst gibt und dass es bereits in biblischer Zeit diesen Dienst gegeben hat.
Danach soll der Blick auf die Kirche in den ersten 5 Jahrhunderten gerichtet werden. Hier soll beschrieben werden, welche Personen den Dienst am Altar versehen haben. Hiernach soll die Weiterentwicklung, besonders der Knabenministranten aufgezeigt werden. Die Entwicklung des Ministrantendienstes zwischen dem Konzil von Trient und dem zweiten Vatikanischen Konzil soll geschildert werden.

Welche Bedeutung hat der Ministrantendienst nach dem Zweiten Vatikanischen Konzil? Haben sich Verständnis und Bedeutung des Ministrantendienstes verändert?
Dazu soll der Zweite Teil der Arbeit antwort geben.
Es soll dargestellt werden welche Bedeutung der Ministrantendienst nach der Liturgiereform, in Folge des Zweiten Vatikanischen Konzils, in der gegenwärtigen Kirche hat. Hier soll die Theologische Grundlegung für das Wesen der Liturgie und die Reformprinzipien, die aus dem Wesen der Liturgie hervorgehen, dargestellt werden. Auf die Ministrantenarbeit sollen die Reformprinzipien angewendet werden. Daraus ergibt sich ein neues Verständnis für den Sinn und die Bedeutung des Ministrantendienstes.

Welche Chancen bieten nun eine Ministrantenpastoral im Sinne des Zweiten Vatikanischen Konzils? Welche Ziele und Aufgaben hat die Ministrantenpastoral heute?
Hier soll der Blick besonders auf die Chancen gerichtet sein, die der Ministrantendienst, und die damit verbundene liturgische Bildung, für junge Christen, aber auch für die Pfarrgemeinden, haben können. Hierbei soll aufgezeigt werden, welche Chancen eine mystagogische Liturgiekatechese für Ministranten haben kann. Der Begriff Mysterium im biblischen Verständnis meint das Geheimnis des Heilshandelns Gottes in und durch Jesus Christus.[ii]

Ministrantendienst und Ministrantenpastoral sind wichtige Elemente im Leben der aktiven, katholischen Gemeinden. Um ihre Chancen zu nutzen und ihren Wert besser zu verstehen möchte diese Arbeit eine Hilfe sein.

1. Der Dienst des Ministranten in der geschichtlichen Entwicklung

Ministranten gibt es schon sehr lange. Ihre Geschichte beginnt bereits in der Heiligen Schrift. Es ist sehr interessant die Entstehung und die geschichtliche Entwicklung der Ministranten kennenzulernen. Es hilft den Dienst des Ministranten besser zu verstehen und dadurch schätzen zu lernen.

1.1. Die Geschichte des Ministrantendienstes von den Anfängen bis zum 5. Jahrhundert - vom Klerikerdienst zum Knabenministranten

1.1.1. Die Heilige Schrift, Ursprung des Ministrantendienstes

Die ersten Ministranten können in den Personen der Apostel Petrus und Johannes gesehen werden. Sie wurden vom Herrn vorausgeschickt um das Ostermahl im Abendmahlssaal vorzubereiten (Lk 22,7f.).
Es könnte sein, dass die Apostel während des Mahles nicht nur beim Herrn saßen, sondern ihm auch kleinere Handreichungen machten.[iii] Damit kann man sie als dienende Teilnehmer beim Letzten Abendmahl Jesu bezeichnen. Sie haben also den ersten Ministrantendienst ausgeübt.
Der Mensch wirkt beim Heilswerk Christi mit. Dies wird auch von Jesus Christus ausdrücklich verlangt. Zum Beispiel lässt Jesus bei der Hochzeit zu Kana (Joh 2,1-12) die Krüge von den Dienern mit Wasser füllen, bevor er sein erstes Zeichen wirkt.

Es gibt auch andere biblische Stellen, die mit dem Ministrantendienst in Verbindung gebracht werden.
Michael Schlosser ist der Meinung, dass die folgenden Beispiele eine biblische Hinführung in den Ministrantendienst sein können.
Dazu gehört der junge Samuel im Tempel Elis (1 Sam 3,1-10), das Gespräch Jesu mit Maria und Marta (Lk 10,38-42) und der barmherzige Samariter (Lk 10, 25-37).[iv]

Die eigentliche Geschichte der Ministranten fängt aber erst einige Zeit später an.
Um die Entstehung und die weitere Entwicklung der Institution des Ministranten verständlich zu machen, sollen die Dienste und Situationen dargestellt werden, die indirekt oder direkt dazu beigetragen haben.

1.1.2. Der Diakon

In den urchristlichen Gemeinden stand im Gottesdienst neben dem Vorsteher der Diakon. Die Diakone dienten zuerst dem Bischof, aber auch den Presbytern währen der Feier der Liturgie.[v] Von der Bedeutung des Diakons in der Gemeinde zeugen die Worte, die Ignatius von Antiochien († 107) in seinem Brief an die Trallianer schrieb. Er nannte den Diakon „nicht Diener für Speise und Trank, sondern Diener der Kirche Christi".[vi] Derselbe Autor schreibt in seiner Apologie vom Dienst der Diakone: „Haben wir die Gebete beendet, so begrüßen wir einander durch den Kuss. Dann wird dem Vorsteher der Brüder Brot und ein Becher mit Wasser und Mischwein gebracht...

Hat der Bischof Dank gesagt und das ganze Volk beigestimmt, so teilen die Diakone, wie sie bei uns heißen, jedem der Anwesenden von den Brote und dem Weine nebst Wasser, worüber die Danksagung gesprochen wurde, zum Genusse mit und bringen davon den Abwesenden."[vii]
Vom 1. Jh. bis ins 4. Jh. gab es die Urform der Messfeier, den bischöflichen Gesamtgottesdienst. Während dieses Gottesdienstes brachte der Bischof das Opfer inmitten seiner Gemeinde, umgeben vom Klerus dar.[viii] Unter diesem Klerus sind Presbyter und Diakone zu verstehen.[ix] Die Presbyter zelebrierten noch nicht in ihren eigenen Gemeinden. Sie nahmen an der Gesamtfeier der Stadtgemeinde teil. Während dieser Feier fungierten sie bei der Entgegennahme der Opfergaben, der Brechung des Brotes, der Kommunionspendung und beteten teilweise laut mit dem Bischof.[x]
Später entstand neben dem bischöflichen Gesamtgottesdienst ein zweiter Grundtyp der Messfeier, die Presbytermesse.[xi] Sie war notwendig, weil in dieser Zeit die Gemeinden sehr wuchsen und die Diözesen mehrere Kirchen hatten.[xii] Einen solchen Gottesdienst leitete ein Presbyter, dem ein zweiter Kleriker assistierte. Normaler Weise war das ein Diakon.[xiii] Die Bestimmung Gregors des Großen († 604) kann ein Zeugnis dafür sein. Er verlangte, „dass für Kirchen, an denen kein Bischof mehr ist, zum Ersatz Presbyter und Diakone geweiht werden".[xiv]

1.1.3. Der Niedere Kleriker

Schon früh kann man an der Stelle des Diakons, besonders in Rom, einen niederen Kleriker sehen. Das war meist ein Lektor, weil in Rom die Zahl der Diakone mit sieben festgesetzt war.[xv] Die niederen Kleriker wurden in einem Brief des Papstes Cornelius († 253) erwähnt. Er schrieb Fabius von Antiochien, dass es in Rom zu seiner Zeit 46 Presbyter, 7 Diakone, 7 Subdiakone, 42 Akolythen, 52 Exorzisten, Lektoren und Ostiarier gab.[xvi]
Jeder Diakon hatte in seiner Diakonie (Caritas Bezirk) sechs Akolythen als Caritassekretäre, Gehilfen und Boten. Sie traten mit den Diakonen auch in den eucharistischen Dienst ein, weil sie Messdiener waren.[xvii]
Gemeinsam mit den Akolythen besorgten den Gottesdienst die Ostiarier. Sie waren verantwortlich für die Verwaltung des Kirchenvermögens, der Kirchbauten und die Betreuung der gottesdienstlichen Räume. Eine ihrer grundsätzlichen Aufgaben war die Sorge um die heiligen Bücher. Während eines Gottesdienstes überreichten die Ostiarier das notwendige Buch dem, der das Wort Gottes verkündete. Die Vorläufer der heutigen Küster, die Ostiarier, waren also Messdiener.[xviii]
Einen wichtigen Dienst übten auch die Lektoren aus. Sie verkündeten bei der Feier der Messe das Wort Gottes, wenn sie die heiligen Lesungen lasen.[xix]
Die Exorzisten waren Taufdiener. Deswegen wurden sie nicht bei der heiligen Messe in Anspruch genommen. Später waren sie in der Betreuung der Katechumenen während des Gottesdienstes tätig.[xx] In der Märtyrer- und Konstantinischen Zeit waren Akolythen, Lektoren und Ostiarier als Messdiener tätig. Diese Dienste übten meistens Männer, aber auch Jünglinge und Knaben aus.[xxi]
Die Kleriker niederer Stufen gehörten aber nicht zum Klerus im heutigen Sinne des Wortes.[xxii] Das regelmäßige Ausüben der Dienste machte sie zu Akolythen, Lektoren und Ostiariern. Sie empfingen keine Weihe, sondern nur eine Beauftragung.[xxiii]
Die Situation änderte sich erheblich im Laufe des fünften Jahrhunderts. Das Amt der Exorzisten wurde weniger häufig gebraucht, das der Ostiarier wurde von Laienangestellten verrichtet. Die Akolythen hatten den Dienst der kirchlichen Verwaltung, gehörten schon zum Klerus und dienten beim heiligen Opfer.[xxiv]
Es war auch die Zeit, in der die Einrichtung der Lektorenknaben entstand, die die eigentlichen Vorgänger unserer Knabenmessdiener sind.[xxv]

1.2. Die Geschichte des Ministrantendienstes vom 5. Jahrhundert bis zum 9. Jahrhundert - Ausweitung des Dienstes durch Knabenschulen

1.2.1 Die Lektorenknaben

Das Lektorenamt wird von Justin für die Mitte des 2. Jh. angegeben. Er schreibt: „Wenn der Vorleser seinen Dienst beendet hat, hält der Vorsteher eine Ansprache."[xxvi] Der Lektor wird neben dem Bischof, Presbyter und Diakon auch von Tertullian († erste Hälfte des 3. Jh.) erwähnt.[xxvii]
In Karthago wurde zur Zeit Cyprians († 258) den Lektoren eine Weihe erteilt[xxviii] und bei Cyprian wurden sie schon Kleriker genannt.[xxix] Das Lektorat übten Männer, Jünglinge, aber selten Knaben aus. Der Kandidat für das Amt sollte ein vertrauenswürdiger Mensch sein.
Eine neue Situation entstand im 4. Jh. Von dieser Zeit an wurde das Lektorenamt, besonders in Rom, auch Knaben anvertraut.[xxx] Davon zeugen Grabinschriften. Damals gab es fünf- bis zwanzigjährige Lektoren.[xxxi] Wofür es verschiedene Ursachen gibt.
Erstens betonen die Grabinschriften die kindliche Unschuld der verstorbenen Lektoren. Deshalb wurden sie für geeignet gehalten, das Wort der heiligen Schrift der Gemeinde wahrhaftig darzubieten.[xxxii]
Zweitens wurde schon in der Antike die Beteiligung von Kindern am heidnischen Kult durch die Vorstellung „von geheimnisvollen Kräften im Kinde, die es besonders empfänglich für die göttliche Inspirationen"[xxxiii] machen, begründet. Man kann sagen, dass „Christen wie Heiden die gleiche Anschauung von dem, was ein Kind ist, und von dem, was eines Kindes Unschuld und Aufgeschlossenheit im Religiösen bedeutet, gemeinsam"[xxxiv] war. Es gab aber einen wichtigen Unterschied.
Die Aufnahme von Lektoren in den Klerikerstand hatte keine Analogie im antiken Kult. Sie war nie „an die subjektive Empfänglichkeit des Kindes gebunden. Darum kann in der Kirche von Anfang an auch jemand Lektor sein, der kein Kind mehr ist, darum kann sogar der Brauch, Kinder zu Lektoren zu machen, in der Kirche ganz aufhören."[xxxv]
Drittens hatte auch die Sorge um den Priesternachwuchs große Bedeutung. Obwohl das Lektorat den Weg zum Priesterberuf öffnete, wurde es nicht unbedingt als ein zwingender Aufstieg in der Hierarchie verstanden. Ein Beispiel dafür ist Kaiser Julian Apostata, der als Kind Lektor war.[xxxvi]
Die Knaben, die das Lektorenamt ausübten, wohnten zuerst bei ihren Eltern und unter derer Aufsicht.[xxxvii] Später wurde jedoch die gemeinsame Erziehung der Lektorenknaben sehr betont. Bischöfe und Pfarrer nahmen Lektoren in eigene Häuser (Knabenschulen, Knabenseminare) auf, wo sie die erforderliche Ausbildung bekamen und während der Gottesdienste dienten.[xxxviii]
Die Verbreitung von Knabenseminaren rühmte und empfahl das Partikularkonzil von Vaison (529).[xxxix] Sie wurde auch schon von der zweiten Synode von Toledo (531) verlangt.[xl] Diese Situation ließ dann die Gemeinschaften der Lektorenknaben „die vorzüglichsten Pflanzstätten für die höheren Stufen des geistlichen Amtes werden."[xli] Die jugendlichen Lektoren dieser Zeit übten vor allem das Lektorenamt kraft der bischöflichen Zulassung aus und gehörten zum Klerus.[xlii]

1.2.2 Die Sängerknaben

Neben den Lektorenschulen gab es auch Sängerschulen. Gregor der Große († 604) gründete eine *Schola Cantorum* in Rom am Lateran.[xliii] Die Sängerknaben, die *Scholaren* genannt wurden, führten die Gesänge des Chores während des Gottesdienstes aus. Sie wurden aus den allgemeinen Schulen ausgesucht und in die Sängerschulen aufgenommen.[xliv] Das Singen war aber nicht die einzige Aufgabe.

Die Sängerknaben sollten auch den Pfarrer beim Stundengebet unterstützen. Sie sollten entweder mitbeten oder die Horen allein zur richtigen Zeit singen, falls der Pfarrer verhindert war.[xlv] Die Sängerknaben waren keine Kleriker. Bei der Messfeier sollten nur Kleriker dienen. Deswegen gab es Widerstände gegen die Verwendung der Sängerknaben als Ministranten.[xlvi] Die damaligen Sängerschulen waren eigentlich die Grundlage für spätere Stifts- und Klosterschulen.[xlvii]

1.2.3. Die Niederen Weihen

Es war auch die Zeit, in der in Südfrankreich für die Neuordnung der Niederen Weihegrade gesorgt wurde.[xlviii] Bischof Caesarius von Arles († 542) trug sehr zu dieser Neuordnung bei und die *Statuta ecclesiae antiqua* enthalten diese Arbeit.[xlix]

Burgunder, Avaren und Goten, die in Gallien lebten, waren Arianer. Sie betonten stark das Menschliche, nicht nur an der Person Jesu Christi, sondern auch das Menschliche an der Einrichtung der Kirche. Sie wollten auch die Weihe für die Leute ihrer Wahl fördern, unter anderem für ausgediente Krieger und freigelassene Sklaven, nur um die Pfründe des kirchlichen Amtes auszunützen.[l]

In dieser Situation verlangten die Bischöfe, dass, wer geweiht werden wolle, vorher andere fünf Grade durchschritten und die entsprechenden Weihen empfangen müsse, um Diakon und Priester zu werden.[li] Deswegen gründete Bischof Caesarius in Gallien Einrichtungen, die früher dort nicht bekannt waren.

Die Einrichtung der Niederen Weihen und die neuen Weiheriten hatten ihre Grundlage schon im römischen Vorbild. Eine Vorlage dafür war die Apostolische Überlieferung des Hippolyt. Wenn aber die Niederen Weihen in Gallien nicht von vornherein eine andere Bedeutung hatten, dann müssen die Weiheriten als ‚eine Neuschöpfung' angesehen werden.[lii]

Die Neuordnung der niederen Weihegrade war für die Kirche Galliens notwendig, um ihrer Freiheit gegen das germanische Staatskirchentum und die Einmischung des Staates in die Auswahl und Ausbildung des Klerus zu sichern.[liii] Diese Entwicklung hatte weitreichende Bedeutung.

Seit der Zeit war nicht mehr das Amt, sondern der Empfang des Sakramentale der Niederen Weihen entscheidend. Das bedeutet, dass die alten niederen Kirchenämter zu den Niederen Weihen werden.[liv] „Aus dem Amt ist ein Ritus geworden."[lv]

1.3. Die Geschichte des Ministrantendienstes vom 9. Jahrhundert bis zum Konzil von Trient - Bedeutung des Ministrantendienstes im Mittelalter

1.3.1. Die Neuordnung der niederen Weihen in der römischen Kirche

Die Neuordnung der Niederen Weihen, die ihre Quelle in Gallien gehabt hatten, wurde in Rom im 9. Jahrhundert übernommen.[lvi] Dadurch wurde verhindert, dass die Niederen Weihegrade ganz verschwanden. Allerdings wurden die Abgrenzungen zwischen den Aufgabenbereichen verwischt[lvii] und jede Verbindung zwischen Weihe und Dienst gelöst.[lviii] Deswegen waren die Niederen Weihegrade mit der Zeit praktisch bedeutungslos[lix] und wurden immer mehr als Vorstufen für die höheren Weihen verstanden.[lx]

Den Kandidaten wurden die Weihen erteilt, ohne ihnen Ämter zu übertragen.[lxi] Das bedeutete, dass die Funktion während dem Gottesdienst von Klerikern nur, kraft ihrer Zugehörigkeit zum Klerus, ausgeübt wurden, nicht aber kraft der Weihen, die sie gleich oder auch später erhielten.[lxii]

Die Zugehörigkeit zum Klerus war mit den Privilegien des klerikalen Standes verbunden. Deswegen gab es auch den Missbrauch, dass Eltern ihre Söhne schon früh dem klerikalen Stand weihen ließen, um durch die Niederen Weihen deren Zukunft zu sichern.[lxiii] Obwohl die Niederen Weihen durch die Praxis überholt waren, blieb doch das theologische Fundament der Weihen erhalten.[lxiv]

1.3.2. Die Privatmessen

Für die Entwicklung der Geschichte der Ministranten haben auch die Privatmessen große Bedeutung.
Unter Privatmessen versteht man nicht die Messen, die in Hausgemeinschaften oder an Grabstätten schon in apostolischer Zeit gefeiert wurden.[lxv] Darunter sollen die Messfeiern verstanden werden, die „ohne Rücksicht auf die Teilnehmerschaft anderer Personen außer dem Zelebranten und seinem Ministranten, oft sogar auch ohne diesen"[lxvi] zelebriert wurden.
Privatmessen sind schon im 6. Jh. bezeugt.[lxvii] Die tägliche oder fast tägliche Zelebration wurde im 8. Jh. nach dem Beispiel des Lebens der heiligen Priestermönche sehr betont.[lxviii] Im 9. Jh. war das schon die Regel.[lxix] In dieser Zeit begann „eine Häufung der Zelebrationen."[lxx] Viele Klöster, die sich zu Messbünden zusammenschlossen, verpflichteten sich, Messen für verstorbene Mönche zu zelebrieren.[lxxi] Synoden des 10 Jh. und 11. Jh. ließen auch jeden Priester zehn oder dreißig Messen für König und Reich in sehr kurzer Zeit lesen.[lxxii] Priester zelebrierten also Messen nicht nur zwei- oder dreimal am Tag, sondern, wie das Beispiel des Papstes Leo III. (+816) zeigt, auch sieben- und neunmal.[lxxiii]
Im 8./9. Jh. wurde eine eigene Form für die Privatmesse entwickelt. Es war die *Missa Solitaria*, während derer die Gebete nur im Singular formuliert wurden und kein Messdiener nötig war.[lxxiv] Trotzdem hatte der Text der *Missa Solitaria* kurze *Responsa* für einen Messdiener.[lxxv] Zur gleichen Zeit erschienen zum ersten Mal *Vollmissalien*. Diese Bücher enthielten Lesungen der Tagesmessen. Es gab auch Sakramentare, die die Gesangteile der Messe enthielten. Das alles machte den Zelebranten vom Dienst des Lektors und Sängers unabhängig.[lxxvi]
Eine *Missa Solitaria* war jedoch zunächst verboten. Schon auf der Synode von Mainz (813) wurden Argumente gegen die *Missa Solitaria* formuliert. Die Worte der Messe wurden für sinnlos erklärt, wenn niemand außer dem Priester während der Zelebration anwesend war.[lxxvii] Es wurde betont, dass neben dem Priester während der Zelebration noch zwei Personen mitfeiern sollten.[lxxviii]
Die Synode von Paris (829) sprach von *Ministri*[lxxix] und das Konzil von Nantes (9. Jh.) von *Cooperatores*.[lxxx]
Gemäß Walafried Strabo († 849) sollte die Erlaubtheit der Messe „von der Anwesenheit eines Antwortenden, eines Opfernden und eines Kommunizierenden"[lxxxi] abhängig sein. Den eigentlichen Grund für das Verbot sieht Norbert Henrichs im Gemeinschaftscharakter der Messfeier: „In all diesen Verordnungen, in denen für den Ministranten die verschiedensten Begriffe verwendet werden: *Minister*, *Cooperator*, *Respondens,* liegt der Ton auf der Forderung eines weiteren Teilnehmers an der Messe neben dem zelebrierenden Priester.
Die erste Funktion des Messdieners ist nicht seine Dienstleistung, sondern seine Mitfeier, die das Antworten auf die Akklamationen des Priesters von sich aus einschließt. Die Begründung liegt in der Erkenntnis des Gemeinschaftscharakters der Messe."[lxxxii]

1.3.3 Der Kleriker als Ministrant

Bis zum 13. Jh. lassen die Dokumente nicht erkennen, wer unter der Bezeichnung Ministrant verstanden wurde.
Im Jahr 1227 beschloss die Synode von Trier, nur Kleriker als Ministranten zuzulassen: „nullos sacerdos celebrare missam praesumat sine clerico respondente."[lxxxiii] In dieser Zeit beschäftigte sich die Kirche mit dem Entstehen und der Entwicklung der Kloster-, Dom- oder Stiftschulen, die die Nachfolgerinnen der alten Lektoren- und Sängerschulen waren.[lxxxiv] In diesen Schulen wurden die Kandidaten für die Priesterweihe ausgebildet und auch zukünftige Ministranten und Sänger.[lxxxv]
Eine schwierige Situation ergab sich in den Landpfarreien, wo es keinen Kleriker gab.

Da dort die Messen ohne Ministranten gefeiert wurden, entschieden die Bischöfe, dass in diesem Fall bei der Messe gebildete Laien dienen durften.[lxxxvi] Durch die Entwicklung der Universitäten änderten sich die Aufgaben der Dom- und Stiftsschulen. Sie nahmen den Charakter von Elementarschulen an und bereiteten nicht nur zukünftige Kleriker vor. Während der Schulmessen wurden also auch Laienknaben zum Dienst zugelassen.[lxxxvii]
Die Forderung nach Klerikerministranten entstand, wurde aber nie sehr stark beachtet.[lxxxviii] Theodor Schnitzler schreibt: „Als Ergebnis dieser Entwicklung halten wir als Antwort auf die Frage nach der Geschichte der Messdiener fest: Im Mittelalter entwickelt sich der niedere Kirchendienst zu den Niederen Weihen als Durchgangstufen zur Priesterweihe; jedoch bleibt der Dienst der Knaben am Altare die Erinnerung an altchristliche Einrichtung erhalten, dass zum Dienst am Heiligtum der Laie, das heißt der Getaufte, auserwählt, ausgesandt und gesegnet wird, auch ohne dass er zum Klerus gehört und den Weg zum Priestertum beschreitet."[lxxxix]

1.4. Vom Konzil von Trient bis zum Zweiten Vatikanischen Konzil

1.4.1. Das Konzil von Trient und die nachkonziliare Zeit

Das Konzil von Trient (1545-1563), das eine große Bedeutung in der Geschichte hat und vieles im damaligen Leben der Kirche erneuerte, sprach sich während der 23. Sessio über den Altardienst aus. Es wiederholte das bestehende Gesetz, dass Kleriker den Altardienst ausüben durften. Es wurde empfohlen, niedere Klerikern einfache Benefizien einzurichten, um den alten Ämtern neue Geltung zu verleihen. Sollte es an Klerikern mangeln, durften auch verheiratete Kleriker den Altardienst ausüben. Das war nur unter der Bedingung möglich, dass sie nicht zum zweitenmal verheiratet waren und ihr Leben würdig war. Sie sollten auch die Tonsur und die klerikale Kleidung tragen.[xc]
Verheiratete Kleriker, *Clerici Coniugati,* waren damals Männer, die lesen, schreiben und zählen konnten, die die lateinische Sprache kannten, aber Laien waren. Sie arbeiteten oft als Lehrer in Stifts- und Klosterschulen. Beim Gottesdienst konnte also außer einem Kleriker auch ein anderer (Laie) dienen.
Ähnliche Bestimmungen können auch in den Dokumenten verschiedener Synoden gefunden werden. Die Synode von Reims (1583) und die Synode von Avignon (1594) ließen einen Laien gelten, wenn es keinen Kleriker gab. Die erstere betont, dass unter den Laien nur geeignete, verständige Menschen sein sollten.[xci] Avignon zog den Klerikerministranten den Laien vor.[xcii]
Trotz aller Bestimmung herrschte damals eine unklare Situation. Obwohl Laien den Altardienst ausüben durften, war nicht klar, ob es auch Knaben sein konnten. Die zitierte Synode von Reims wollte Knaben ausschließen. Diese konnten nur die Schola oder Geistlichkeit mit Gesang unterstützen.[xciii]
Die Frage nach den Knabenministranten wurde vermutlich damals sehr oft behandelt, denn am 23. November 1602 nahm die Ritenkongregation dazu Stellung. Auf die Frage, ob Knaben während der Privatmesse in der Sakristei oder im Chor dienen dürfen, ob sie Niedere Weihen oder die erste Tonsur haben sollten, ob Laien von einem solchen Dienst fernzuhalten sind, gab die Ritenkongregation die Antwort, dass den Altardienst nur tonsurierte Knaben ausüben sollen. Sie schloss aber Jungen, die noch nicht alt genug für die Tonsur waren, nicht aus.[xciv]
Wie die weitere Entwicklung zeigte, gab es in diesem Dokument kein Verbot für Laienministranten. Sie übten zu Beginn des 17. Jh. ihren Dienst wohl schon überall aus.[xcv]

1.4.2. Die Ministranten im 20. Jahrhundert vor dem Zweiten Vatikanischen Konzil

Das 20. Jh. brachte die Sanktionierung der Gewohnheit, Laien und Knaben den Ministrantendienst ausüben zu lassen. Papst Pius XII. machte wohl als erster in der Geschichte der Kirche Messdiener zum Gegenstand eines päpstlichen Weltrundschreibens. In der Enzyklika über die heilige Liturgie *Mediator Dei* schrieb der Papst die folgenden Worte: „Zur besseren Erreichung dieses Zieles (das der Priester bei der Feier der Messe nicht allein sei) wird nicht wenig eine sorgfältige Auswahl braver und gut geschulter Knaben aus allen Gesellschaftskreisen beitragen, die gern und freudig, mit Ordnung, Fleiß und Eifer den Dienst am Altar versehen. Dieses Amt sollen auch Eltern höheren Standes und höherer Bildung sehr schätzen. Werden diese Knaben entsprechend herangebildet und unter der wachsamen Aufsicht der Priester zu ehrfürchtiger und regelmäßiger Erfüllung des ihnen zu festgesetzten Stunden anvertrauten Amts angespornt, so können aus ihnen leicht neue Priesterberufe hervorgehen. Auch wird sich dann der Klerus – wie es bisweilen auch in katholischen Gegenden der Fall ist – nicht bitter beklagen müssen, dass sich niemand finde, der bei der Feier des heiligen Opfers antworte und diene.“[xcvi]

Diese Enzyklika wird von Theodor Schnitzler *mangna charta* der Ministranten genannt.[xcvii] Als Begründung dafür stellt er in seinem Buch „Ministrantenpädagogik“, das ein großer Kommentar zu den zitierten Worten der Enzyklika ist, folgende Grundlagen vor: die geschichtlichen; die kirchenrechtlichen; die liturgischen und die pastorale Aufgabe.

Die *geschichtliche* Grundlage sieht Schnitzler darin, dass es im Altardienst der Knaben „die Erinnerung an die altchristliche Einrichtung“ gibt, dass auch der Laie zum Altardienst „auserwählt, ausgesandt und gesegnet wird.“[xcviii] Die Enzylika *Mediator Dei* gibt den Ministrantendienst frei für alle Knaben jeden Standes. Sie sollen diesen Dienst freiwillig und freudig tun. Eltern und Priester tragen für sie eine besondere Verantwortung und bekommen von Papst Pius XII. einen besonderen Erziehungsauftrag.

Als *kirchenrechtliche* Grundlage gilt der *Codex Iuris Canonici* von 1917. Im Kanon 813 steht: „der Priester zelebriere die Messe nicht ohne Ministranten, der ihm diene und antworte. Keine Frau sei dienender Ministrant bei der Messe, es sei denn, dass kein Mann anwesend sei und ein guter Grund vorliege; dann darf die Frau nur aus der Entfernung antworten und keinesfalls an den Altar herantreten:“[xcix] Dieser Kanon wurde von der Enzyklika bestätigt. Deswegen wurde betont, dass es verständlich ist, nur den getauften Männern und auch Knaben das Ministrieren zu erlauben.[c]

Die *liturgische* Grundlage erklärt ‚den liturgischen Ort’ der Ministranten. Die Messdiener sieht der Autor als die, die „eine Brückenstellung“ zwischen Altar und Volk, Priester und Volk einnehmen. Einerseits sind sie die „Vertreter des Volkes“[ci], andererseits sind sie Gehilfen des Priesters.[cii]

Eine Grundlage, um *Mediator Dei* ‚Mangna Charta’ der Ministranten zu nennen, ist auch die *pastorale Aufgabe* der Messdienergemeinschaften. Sie sollen ‚Kernscharen des liturgischen Apostolates’ in der Pfarre sein, um der Gemeinde zu helfen, lebendig an der Liturgie teilzunehmen. [ciii]

2. Die Stellung und die Bedeutung der Ministranten in der katholischen Kirche heute - neue Theologische Grundlegung

2.1. Die Entwicklung seit dem Zweiten Vatikanischen Konzil

2.1.1. Das Zweite Vatikanische Konzil

Das erste Dokument des Zweiten Vatikanischen Konzils ist die Konstitution über die heilige Liturgie *Sacrosanctum Concilium* (SC), die am 4. Dezember 1963 veröffentlicht wurde.
Das Wesen der Liturgie wir hier theologisch grundgelegt.
Das Wesen der Liturgie beschreibt das Konzil so:
Bei der Liturgie der Kirche ist Christus gegenwärtig. Er ist gegenwärtig in der Feier der Messe, im Priester, als Vorsteher der Messe, in den eucharistischen Gestalten, in den Sakramenten, im Wort Gottes der Heiligen Schrift und in der betenden Gemeinschaft.[civ]
Außerdem wird die Liturgie als Heiligung des Menschen und als Verherrlichung Gottes durch sinnenfällige Zeichen verstanden.[cv]
Zugleich ist die Liturgie Werk Christi und seines Leibes, der die Kirche ist.[cvi]
„Liturgie ist der Höhepunkt, dem alles Tun der Kirche zustrebt und die Quelle, aus der all ihre Kraft strömt."[cvii]
Aus dieser Theologischen Grundlegung ergeben sich Reformprinzipien, die aus dem Wesen der Liturgie hervorgehen. Das Wesen der Liturgie verlangt nach der *vollen, bewussten und tätigen Teilnahme aller Gläubigen* an der Liturgie.[cviii]
Die Feiern der Kirche gehen den ganzen mystischen Leib der Kirche an. Die einzelnen Glieder kommen aber in verschiedener Weise mit Feiern der Kirche in Berührung je nach der Verschiedenheit von Stand, der Aufgabe und der tätigen Teilnahme.[cix]
Ein weiteres Reformprinzip, das aus dem Wesen der Liturgie hervorgeht ist die *reichere, mannigfaltigere, passendere Auswahl der Schriftlesungen* in der liturgischen Feier, um deutlich zu machen, dass Liturgie und Wortverkündigung aus engste miteinander verbunden sind.[cx] Auch der Gebrauch der Volkssprache ist ein Reformprinzip.[cxi] Dazu kommt noch das Reformprinzip der berechtigten Vielfalt und Anpassung an verschiedene Gemeinschaften, Gegenden, und Völker.[cxii]
Aus diesen Reformprinzipien ergeben sich Anwendungen der Reformprinzipien auf verschiedene Bereiche der Liturgie. Diese Anwendungen der Reformprinzipien betreffen die Feier der Eucharistie (Messfeier), die Feier der übrigen Sakramente und Sakramentalien, die Feier des Stundengebets, das liturgische Jahr, die Kirchenmusik, und die sakrale Kunst sowie das liturgische Gerät und Gewand.[cxiii]
Diese Konstitution sagt: „Die Mutter Kirche wünscht sehr, alle Gläubigen möchten zu der vollen, bewussten und tätigen Teilnahme an den liturgischen Feiern geführt werden, wie sie das Wesen der Liturgie selbst verlangt und zu der das christliche Volk, ‚das auserwählte Geschlecht, das königliche Priestertum, der heilige Stamm, das Eigentumsvolk' (1 Petr 2, 9; vgl. 2, 4-5) kraft der Taufe berechtigt und verpflichtet ist."[cxiv]
In diesen Worten ist der grundsätzliche Gedanke der erneuerten Liturgie enthalten. Gläubige sind „Subjekt der liturgischen Feiern" und „ihre bewusste und tätige Teilnahme daran ist konstitutiv."[cxv] Während der liturgischen Feiern brauchen sie also keinen Stellvertreter, niemanden, der zwischen ihnen, dem Priester und dem Altar sein müsste.

Diese Feststellung baut auf dem Verständnis der Kirche als ,Volk Gottes' auf, das durch die dogmatische Konstitution über die Kirche *Lumen Gentium* (LG) erklärt wird. Menschen, die durch Glaube und Taufe der Kirche als ,Volk Gottes' angehören, nehmen am gemeinsamen Priestertum teil. Das äußert sich im Mitwirken während der eucharistischen Darbringung, „im Empfang der Sakramente, im Gebet, in der Danksagung, im Zeugnis eines heiligen Lebens, durch Selbstverleugnung und tätige Liebe."[cxvi]
Auf dieser Ebene stellt *Sacrosanctum Concilium* die liturgische Funktion als eigenen Dienst der Laien. Es heißt dort: „Auch Ministranten, Lektoren, Kommentatoren und Mitglieder der Kirchenchöre vollziehen einen wahrhaft liturgischen Dienst."[cxvii]
Der Ministrantendienst gehört also zum liturgischen Dienst des Gottesvolkes. Obwohl er nur einmal in den Konzilsdokumenten erwähnt wird, ist er vom Konzil neu bestätigt.[cxviii] Die Bedeutung des Dienstes zeigen die Erläuterungen im selben Artikel dieser Konstitution: „Deswegen sollen sie ihrer Aufgabe in aufrichtiger Frömmigkeit und in einer Ordnung erfüllen, wie sie einem solchen Dienst ziemt und wie sie das Volk Gottes mit Recht von ihnen verlangt. Deshalb muss man sie, jeden nach seiner Weise, sorgfältig in den Geist der Liturgie einführen und unterweisen, auf dass sie sich in rechter Art und Ordnung ihrer Aufgabe unterziehen."[cxix]
Die fromme und sorgfältige Verrichtung des Ministrantendienstes geht also aus dem Wesen der Liturgie hervor. Da diesen Dienst sehr oft Kinder ausüben, sollen sie auch eine eigene Erziehung und Bildung zum richtigen Verständnis, Erlebnis und zur Verrichtung ihres Dienstes bekommen. In den weiteren Dokumenten des Konzils gibt es Hinweise auf das Fundament einer Ministrantenpastoral.
Im Dekret über das Apostolat der Laien *Apostolicam Actuositatem* wird betont, dass die Jugendlichen, die „in der heutigen Gesellschaft einen sehr bedeutsamen Einfluss" haben, „die ersten und unmittelbaren Apostel der Jugend werden (müssen) und in einer Verantwortung unter ihresgleichen apostolisch wirken, immer unter Berücksichtigung des sozialen Milieus, in dem sie leben."[cxx] So können Kinder „wahre Zeugen für Christus unter ihren Kameraden" sein.[cxxi]
In der Erklärung über die christliche Erziehung *Gravissimun Educationis* steht, dass die Kirche das apostolische Wirken der katholischen Lehrer und Schüler sehr hoch schätzt.[cxxii]
Die oben erwähnten Hinweise zeigen indirekt, dass eine Ministrantenpastoral Kindern und Jugendlichen verstehen helfen sollten, dass ihr Dienst am Altar in einem engen Zusammenhang mit dem Dienst am Nächsten steht und auch einen missionarischen Aspekt hat.

2.1.2. Die nachkonziliare Situation der Ministranten

Die Reform der Liturgie führte zu einem Wandel im Verständnis der Institution der Ministranten. Da die Gläubigen an den liturgischen Feiern voll, bewusst und tätig teilnehmen sollen[cxxiii], wurde gefragt, ob die Liturgie wirklich Ministranten brauche und ob ihr Dienst einen Sinn habe, weil die Ministranten, durch das Wegfallen verschiedener Tätigkeiten, den Rückgang von Privatmessen, Gruppenmessen und auch durch die bauliche Veränderung der Kirchen praktisch arbeitslos wurden.[cxxiv]
Josef Weisberger schreibt: „Liturgische Reformatoren glaubten, auf den Ministranten ganz verzichten zu können, denn das Volk Gottes brauchte keine Mittler zwischen Altar und Volk. Man verzichtete auf Kultgeräte wie Weihrauch und Weihwasser. Die liturgische Kleidung galt als überholt, denn damit verhüllte man das Laiengewand, Kennzeichen des gemeinsamen Priestertums. Von heute aus gesehen, war die sogenannte liturgische Erneuerung nach dem Konzil eine Art liturgische „Kulturrevolution", deren Folgen heute noch nicht ganz überwunden sind."[cxxv]
Hier wird deutlich, dass es einen deutlichen Wandel im Verständnis des Ministrantendienstes gekommen ist. Es geht nicht mehr um eine Funktion, die der Ministrant erfüllt, um die Gültigkeit der Messe zu sichern, sondern jetzt geht um volle, bewusste und tätige Teilnahme an der Feier der heiligen Messe. Hier steht nicht mehr die Funktion der Ministranten im Blickfeld, sondern die Person des Ministranten. Als Person gehört der Ministrant zur betenden Gemeinde. Dieses neue Verständnis sollte nun vermittelt werden.

Einen Einfluss auf die damalige Situation der Ministranten hatte also das gewandelte Gemeindeverständnis. Gleichermaßen wurden der Welt- und Gottesdienst betont, um außerliturgische Vollzüge und die Position der Laien in der Kirche aufzuwerten.
Der Gottesdienst hatte für viele Glieder der Gemeinde keine Spitzenposition mehr. Für Ministranten bedeutete das, dass sie sich umorientieren und ihre Aktivitäten verlagern mussten, um weiterhin Anerkennung zu finden.[cxxvi] Annerkennung erhalten Ministranten heute durch ihre Person und nicht mehr durch ihre Funktion. Es geht um die Person, die eine Tätigkeit innerhalb der Gemeinde und in der Liturgie ausübt.
Die Krise in der Institution der Ministranten wurde durch die kritische Distanz zur Tätigkeit am Altar, durch Austritte aus den Ministrantengruppen, die Kritik am Gottesdienst und an der Liturgie, die Frage nach dem Sinn von Gottesdienst und Ministrantendasein offenkundig gemacht.[cxxvii]
Trotzdem gab es Anfang der 70er Jahre einen, nicht erwarteten, Aufschwung. Die Zahl der Ministranten stieg. Jugendliche übernahmen zum Teil als Gruppenleiter die Verantwortung für Ministrantengruppen. Es wurden Kurse und Wochenenden angeboten. Eine Neubewertung des Dienstes wurde versucht. Alfred Streib schreibt: „Inzwischen kann man sagen: Wohl keine Gruppe innerhalb der Kirche ist so bunt, so vielfältig wie die der Ministranten. Es ist kaum überschaubar, auf welche Weisen sich Ministranten am Ort organisiert haben (...), was sie alles tun – im Dienst und im Gemeindealltag.“[cxxviii]

2.1.3. Ministeria Quaedam

Im Apostolischen Schreiben *Ministeria Quaedam* wird die Reform der Dienste und Ämter der liturgischen Gemeinde zum Ausdruck gebracht.
Das Dokument führt eine Reform der Niederen Weihen ein und nennt zwei liturgische Ämter *Ministeria*, Lektor und Akolyth, die auch Laien zugänglich sind. Obwohl kraft des Dokumentes die Gläubigen die gewohnten Aufgaben der Ministranten ausüben können, wird der Ministrantendienst weiterhin für wichtig gehalten, denn „falls es notwendig ist, kann der Akolyth auch für die Unterweisung der anderen Gläubigen Sorge tragen, die für eine bestimmte Zeit damit beauftragt sind, Priester oder Diakon bei der liturgischen Feier zu helfen, indem sie Messbuch, Kreuz, Kerzen usw. tragen oder ähnliche Aufgaben übernehmen.“[cxxix] Unter ‚Gläubigen` sollen Ministranten verstanden werden.[cxxx]

2.1.4. Mädchen als Ministrantinnen

Ministeria Quaedam betont, dass zu Lektoren und Akolythen nur Männer bestellt werden.[cxxxi]
Diese Entscheidung entspricht dem, was der CIC von 1917 enthält. Der Altardienst wird Frauen und Mädchen ausdrücklich verboten.[cxxxii] Dieselbe Bestimmung wiederholt die Kongregation für Sakramente und den Gottesdienst in der Instruktion über einige Normen zur Feier des Geheimnisses der heiligen Eucharistie *Inaestimabile Donum*, die 1980 herausgegeben wurde. „Bekanntlich sind die Aufgaben, die die Frau in der liturgischen Versammlung übernehmen kann, vielfältig: unter anderem die Lesung des Wortes Gottes und der Intentionen im Fürbittgebet der Gläubigen. Frauen sind jedoch nicht in der Funktion eines Akolythen (Messdiener) gestattet.“[cxxxiii]
Obwohl das Verbot wiederholt wurde,[cxxxiv] gab es schon in der nachkonziliaren Zeit Gemeinden, wo Mädchen und Frauen den Ministrantendienst ausübten.[cxxxv] Als Grundlage dafür wurde angesehen, dass Frauen in gleicher Weise Anteil am Hohenpriestertum Christi haben und andere Funktionen schon ausüben dürfen.[cxxxvi] In manchen Gemeinden wurde die Zulassung der Mädchen und Frauen zum Ministrantendienst von Pfarrgemeinderäten erlaubt. Es gab auch Gemeinden, wo Ministranten gegen diese Entscheidungen protestierten.[cxxxvii]

Seit dem Jahr 1983 ist der neue *Codex Iuris Canonici* in Kraft. Dort wird bestimmt (c. 230): „§ 1. Männliche Laien, die das Alter und die Begabung haben, die durch Dekret der Bischofskonferenz dafür bestimmt sind, können durch den vorgeschriebenen liturgischen Ritus für die Dienste des Lektors und des Akolythen auf Dauer bestellt werden; die Übertragung gewährt ihnen jedoch nicht das Recht auf Unterhalt oder Vergütung von Seiten der Kirche.
§ 2. Laien können aufgrund einer zeitlich begrenzten Beauftragung bei liturgischen Handlungen die Aufgabe des Lektors erfüllen. Ebenso können alle Laien die Aufgaben des Kommentators, des Kantor oder andere Aufgaben nach Maßgabe des Rechtes wahrnehmen."[cxxxviii]
Ein ausdrückliches Verbot für Frauen gibt es nur in § 1. Trotzdem zeigt Heinrich Flatten in seinem Artikel, dass er der Meinung ist, dass Frauen und Mädchen weiter verboten sind. Grundlagen für diese Feststellung waren: keiner Erwähnung der Aufgaben des Akolythen in § 2 und der Ausdruck „nach Maßgabe des Rechtes" (andere liturgische Dokumente wiederholten das Verbot der weiblichen Messdiener).[cxxxix]
Das Verbot wurde von Kurienkardinal Augustin Mayer, Präfekt der vatikanischen Kongregation für den Gottesdienst, im April 1986 bestätigt.[cxl]
Die rechtliche Situation der Ministrantinnen änderte sich im Jahr 1994. Am 15. März 1994 wurde eine authentische Interpretation des c. 230 § 2 veröffentlicht. Kraft dieser Interpretation dürfen Mädchen und Frauen den Altardienst ausüben.[cxli] Obwohl diese Entscheidung schon im Jahr 1992 gefallen war, wurde sie mit einem Rundschreiben der Kongregation für den Gottesdienst und die Disziplin der Sakramente erst 1994 veröffentlicht.[cxlii]
In diesem Dokument, das an die Vorsitzenden der Bischofskonferenzen gerichtet war, wird erklärt, dass „jeder Bischof in seiner Diözese nach Anhörung der Entscheidung der Bischofskonferenz die Befugnis zur klugen Beurteilung und Entscheidung (hat), was für ein rechtes liturgisches Leben in seinem Zuständigkeitsbereich zu tun ist."[cxliii]
Gleichzeitig ordnet dasselbe Dokument an, „dass es sehr nützlich ist, die Tradition bezüglich des Altardienstes seitens der Knaben bestehen zu lassen. Denn es ist bekannt, dass das zur fruchtbaren Vermehrung der Priesterberufungen beiträgt."[cxliv] Im Januar 2002 wurde von der Kongregation für den Gottesdienst und die Disziplin der Sakramente ein Schreiben herausgegeben, dass von Priestern in einer Diözese, wo Mädchen von Diözesanbischof zum liturgischen Dienst zugelassen wurden, nicht gefordert werden soll, dass auch sie Ministrantinnen in ihrer Gemeinde einführen müssen. Es wird betont, dass obwohl seit 1994 Mädchen ministrieren dürfen, die Tradition des liturgischen Dienstes der Knaben dennoch fortgesetzt werden soll. Danach scheint es gewünscht und sinnvoll zu sein, dass einige Gemeinden in den Diözesen an der Tradition festzuhalten, nur Knaben als Messdiener zuzulassen.[cxlv]

2.1.5. Coetus Internationalis Ministrantium

Eine große Bedeutung für die Institution der Ministranten und die Entwicklung der Ministrantenpastoral hat der *Coetus Internationalis Ministrantium.*

Die Idee einer internationalen Ministrantenarbeit schlugen Kanonikus Rudolf Hoornaert (Brügge) und Kaplan Walter Hermann (Düsseldorf) vor. Im Jahr 1960 wurde die internationale Ministrantenvereinigung in Altenberg bei Köln gegründet. Schon im Jahr 1962 organisierte sie die erste internationale Ministrantenwallfahrt nach Rom. Während der Jahre des Konzils erarbeitete CIM Programme für die biblische, liturgische und aszetische Bildung der Ministranten. Die erste kirchenamtliche Anerkennung „ad experimentum" bekam CIM im Jahr 1967. Das war notwendig, damit diese Organisation eine internationale Rolle spielen konnte.[cxlvi]
Die grundsätzliche Aufgabe dieser Organisation ist „liturgische Dienste entsprechend der ‚Institutio Generalis Missalis Romani' nr. 65-72 und dem Motu Propriu ‚Ministeria Quaedam' (zu) vollziehen.[cxlvii] Hilfen dafür sollen der Erfahrungsaustausch und Studientagungen sein, die CIM anbietet[cxlviii] und auch Ministrantenwallfahrten nach Rom, die alle fünf Jahre organisiert werden.[cxlix] Zur Zeit ist für diese Organisation die Kongregation für den Gottesdienst und die Disziplin der Sakramente zuständig.[cl]

Das Verständnis der Kirche als ‚Volk Gottes' und des Ministrantendienstes als eines Dienstes, der zum liturgischen Dienst des Gottesvolkes gehört, lässt die Stellung und den Dienst der Ministranten neu bedenken.

2.2. Die Ministranten als Mitfeiernde in der Gemeinde der Gläubigen

2.2.1. Die Gemeinde und die Liturgie

In den letzten Jahrzehnten gibt es eine „Wiederentdeckung der Gemeinde".[cli] Sicher ist, dass die Kirche in ihrer Geschichte nie ‚gemeindelos' war und dass die Gemeindeidee keine Erfindung von heute ist. Das Verständnis der Kirche als Gemeinde änderte sich im Laufe der Zeit. Es gab verschiedene Ursachen dafür.[clii]
Für das heutige Verständnis der Kirche als Gemeinde trug das Zweite Vatikanische Konzil viel bei. Obwohl es nicht so direkt mit dem Thema *Gemeinde* beschäftigte, kann aber auf Grund der Aussagen des Konzils die folgende Definition der christlichen Gemeinde vorgeschlagen werden:
„Die Gemeinde ist als ‚Kirche Gottes' der Ort, wo unter der Leitung des Presbyters und in einer engen Verbindung mit dem Bischof die Gemeinschaft der an Jesus Christus Glaubenden in Verkündigung, Bruderschaft und besonders in der eucharistischen Versammlung und den übrigen liturgische Vollzügen ereignishaft und missionarisch gelebt wird."[cliii]
Das Konzil, seine Ekklesiologie und die neue Bestimmung des Verhältnisses von Kirche und Welt ermöglichen die Ausbreitung und Weiterentwicklung der Theologie und Praxis der Kirchengemeinde.
Ein Beispiel dafür ist die Gemeinsame Synode der Bistümer in der Bundesrepublik Deutschland (1971-1975).[cliv] Sie systematisierte die Theologie der Gemeinde und bestimmt die christliche Gemeinde wie folgt:
„Die Gemeinde ist an einem bestimmten Ort und innerhalb eines bestimmten Personenkreises die durch Wort und Sakrament begründet, durch den Dienst des Amtes geeinte und geleitete, zu Verherrlichung Gottes und zum Dienst an den Menschen gerufene Gemeinschaft derer, die in Einheit mit der Gesamtkirche an Jesus Christus glauben und das durch ihn geschenkte Heil bezeugen. Durch die Taufe (vgl. 1 Kor 12,13) und durch die gemeinsame Teilhabe an dem einen Tisch des Herrn (vgl. 1 Kor 10,16f) ist sie ein Leib in Christus. Im allerweitesten Sinn verwirklicht sich die Gemeinde Christie überall, wo zwei oder drei im Namen Jesu beisammen sind (vgl. Mt 18,20).[clv]
Zu den traditionellen Grundfunktionen einer christlichen Gemeinde gehören *Leituria* – gemeinsames Feiern des Glaubens, *Martyria* – Verkündigung des Evangeliums, und *Diakonia* – die fundamentale Pflicht der Barmherzigkeit.[clvi] Unter den Grundfunktionen hat die Liturgie (Leiturgia) einen besonderen Stellenwert. „So ist bei der Feier der Sakramente die ganze Versammlung ‚Liturge' [Feiernde], jeder seiner Aufgabe entsprechend, aber in der ‚Einheit des Geistes', der in allen handelt."[clvii]
„Die Liturgie ist der Höhepunkt, dem das Tun der Kirche zustrebt und zugleich die Quelle aus der all ihre Kraft strömt."[clviii] Hier wird auf das Wesen der Liturgie hingewiesen. Obwohl die Liturgie die Tat Gottes und zugleich die Tat der ganzen versammelten Gemeinde ist, bedeutet das nicht, dass jeder Mensch während der Liturgie das macht, was er will. Die ganze Gemeinde, die sich versammelt, um Liturgie zu feiern, ist hierarchisch gegliedert. Die hierarchische Gliederung der Gemeinde wird durch liturgische Handlungen sichtbar. Sie betreffen einzelne Glieder in verschiedener Wiese je nach Weihe, Amt und tätiger Teilnahme.[clix]

Manche Glieder sind von Gott berufen, um der ganzen Gemeinde zu dienen. Bischöfe, Priester und Diakone gehören durch die Ordination dem amtlichen Priestertum an. Dessen Aufgabe ist es, dem gemeinsamen Priestertum aller Gläubigen durch Verkündigung, Leitung und das Feiern der Sakramente zu dienen, um die Gnade der Taufe zu mehren.[clx] Die anderen Glieder der Gemeinde, die dem gemeinsamen Priestertum angehören, üben während der Liturgie andere liturgische Funktionen aus, die nicht durch das Weihesakrament, sondern auf der Ebene der liturgischen Tradition und der pastoralen Bedürfnisse bestimmt werden.[clxi] Als Ministranten, Lektoren, Kommentatoren, Mitglieder der Kirchenchöre üben sie „einen wahrhaft liturgischen Dienst“[clxii]aus, an dem sich eine Form der tätigen Teilnahme an der Liturgie äußert.[clxiii] Die tätige Teilnahme bedeutet vor allem ‚einen inneren Mitvollzug der liturgischen Handlungen’ aller daran Teilnehmenden und gehört zur christlichen Mystagogie.[clxiv]
„Christus ist in der Liturgie anwesend. Er erlöst und heiligt die Menschen, indem er den Heiligen Geist aussendet und die Gläubigen mit sich vereint."[clxv]
Obwohl die Liturgie eine besondere Stellung hat, erschöpft sich das gesamte Tun der Kirche nicht in der Liturgie. Die Menschen, die zur Liturgie hinzutreten, müssen vorher zu Glauben und Bekehrung gerufen werden.[clxvi]

2.2.2. Die Ministranten in der Gemeinde

Das Verständnis der Liturgie als Grundvollzug der Kirche hilft zu erkennen, dass die Gemeinde die Trägerin der Liturgie ist.[clxvii] Alle einzelnen Glieder der Gemeinde und die Gemeinde als Ganzes sind während der Liturgie, die als Dialog zwischen Gott und den Menschen verstanden wird, eine Seite dieses von Gott begonnenen Dialogs. Die Gemeinde braucht keine Vertretung in diesem Dialog und alle ihre Glieder üben wahre liturgische Dienste aus.
Der Ministrantendienst ist auch ein wahrer liturgischer Dienst und muss im Zusammenhang mit anderen liturgischen Diensten richtig verstanden werden, als der, der Teil an der „Verantwortung des ganzen Gottesvolkes für die Sendung der Kirche“[clxviii] hat.
Obgleich jedes Glied der Gemeinde den Ministrantendienst ausüben kann, ist es sinnvoll, eine eigene Ministrantengruppe in der Gemeinde zu haben. Kinder und Jugendliche, die zu einer Ministrantengruppe gehören, können durch den Ministrantendienst den Gottesdienst nicht nur miterleben, sondern auch mitgestalten.[clxix] Er wird für sie eine besondere Form der vollen, bewussten und tätigen Teilnahme an der Liturgie.
Das alles macht deutlich, dass Ministranten heute schon anders verstanden werden. Sie sind die, die schon einen eigenen Platz in der Gemeinde haben, der aber nicht zwischen ihr und dem Priester liegt. Da ihr Dienst ein wahrer Dienst ist und da sie der Gemeinde angehören, sind sie vor allem mitfeiernde Glieder der Gemeinde. Sie sind selber Eingeladene, den Gottesdienst zu feiern.
Wenn Ministranten als Glieder der Gemeinde einen eigenen Platz haben, bedeutet es, dass sie nicht nur während der liturgischen Feier Dienende sind, sondern ihr Dienst in der Gemeinde auch außerhalb der Liturgie wahrnehmbar sein soll. Das ist auch mit Verantwortung verbunden. Gegenseitige Verpflichtungen, die sowohl die Ministranten als auch die Gemeinde haben, bringen beides zum Ausdruck.
Als Glieder der Gemeinde müssen die Ministranten von ihr unterstützt werden. Es geht nicht nur um die materielle Seite der Ministrantenarbeit, zum Beispiel um die Ausstattung mit einer angemessenen Ministrantenkleidung und den nötigen liturgischen Geräten, obwohl sie notwendig und gut ist. In diesem Fall geht es vor allem um eine Unterstützung des Glaubens der Kinder und Jugendlichen, den die Gemeinde durch Förderung, Offenheit, Geduld und Dankbarkeit festigen kann.
Die Unterstützung soll nicht nur theoretisch verstanden werden, die Messdiener sollen eine solche Unterstützung auch spüren. Wenn sie spüren, dass die Gemeinde sie braucht und sich bemüht, die Ministrantengruppe geistig und materiell zu unterstützen, können dadurch die jungen Menschen für eine lebendige Kirche gewonnen werden.[clxx]

Die Unterstützung oder die Verantwortung gilt aber beiderseitig. Natürlich ist die Verantwortung der Ministranten nicht so groß, wie die der Gemeinde, aber sie ist nicht weniger wichtig.
In erster Linie unterstützen die Ministranten durch Beten und Singen während der Liturgie, durch Verlässlichkeit und Pünktlichkeit bei ihrem Dienst.[clxxi] Das ist ihre grundsätzliche Aufgabe. Wie die Liturgie für die ganze Kirche der Höhepunkt ihres Handelns und die Quelle ihrer Kraft ist, so sollen Ministranten ihre Anwesenheit und ihren Dienst beim Altar als Quelle und Ziel ihres Lebens in der Gemeinde verstehen. Deswegen ist es wichtig, dass Ministranten auch verschiedene Aufgaben übernehmen können, um beim Aufbau der Gemeinde zu helfen und sie mitzutragen.[clxxii] Das hilft ihnen, „ihre Zugehörigkeit zur Kirche in der konkreten Gemeinde“[clxxiii] zu verstehen und Gemeinschaft zu erfahren.[clxxiv]
Eine so verstandene Ministrantengruppe, in der Kinder und Jugendliche Gemeinschaft erfahren lernen, kann für eine ganze Gemeinde eine Hilfe sein.
Eine solche Hilfe braucht der Priester, um sich mehr auf seine Leitungsaufgaben konzentrieren zu können.
Der Gemeinde hilft die Ministrantengruppe, den Gottesdienst besser zu erleben. Die Gemeinde kann sich freuen, wenn sie weiß, dass die Messdiener in ihrem Dienst verantwortlich sind und ihn mit Freude ausüben.
Das ist auch eine Chance für alle junge Menschen, die Probleme mit dem Glauben haben und ein Vorbild des christlichen Lebens suchen.
Die Ministrantengruppe kann durch ihr Engagement auch jene Menschen in ihrem Glauben bestärken, die Freude am Gottesdienst haben.[clxxv] „Allen Blinden und Lahmen aus der Öde und der Niedergeschlagenheit dieser Zeit einen Weg zu Christus zu zeigen“[clxxvi] ist eine Aufgabe, die auch Ministranten anvertraut ist.
Eine Ministrantengruppe zu haben ist auch für die Zukunft der Gemeinde wichtig. Die Erfahrungen der Pfarrgemeinden zeigen, dass frühe Aktivierung und Einübung der Kinder auch ein normaler Weg ist, der zu kirchlichem Einsatz führt. „Wo versucht wird, Kinder und Jugendliche in den Altardienst so einzuweisen, dass sie ihren Auftrag von einem tiefen Liturgie- und Kirchenverständnis her erfassen lernen, dort wird ein wesentlicher Beitrag für spätere Gruppenbildung der Pfarrei geleistet.[clxxvii]
Das Verständnis der Stellung und der Rolle der Messdiener in der Gemeinde änderte sich also. Ministranten üben ihren Dienst nicht mehr statt der Gemeinde aus, sondern in ihrem Namen. Ihr Dienst ist ein Auftrag, zu dem sie aufgrund der Taufe berufen sind. Die Ministrantengruppe ist jetzt „ein eigenes pastorales Handlungsfeld“ in dem die Verbindung von Liturgie und Leben für Kinder und Jugendliche nachvollziehbar sein soll.[clxxviii]

2.3. Dienst der Ministranten während der Liturgie

2.3.1. Der Ministrantendienst im Allgemeinen

Unter dem Wort *Ministrant* ist *Dienender* zu verstehen.[clxxix]
Ministranten als Dienende in der Gemeinde sind aber nicht allein. Menschen, die anderen Pastoralgruppen angehören, wollen in der Gemeinde dienen. Jedoch gib es einen Unterschied zwischen Ministrantengruppen und anderen Gruppen in der Pfarrei. Er liegt in der Bereitschaft dieser Gruppe zum liturgischen Dienst.[clxxx] Gottesdienst ist der ‚Sitz im Leben' ihres Handelns.[clxxxi] Der liturgische Dienst ist die Hauptaufgabe der Ministranten und die Quelle für ihr Engagement im Leben der Gemeinde.
Funktionen, die dem liturgischen Dienst der Ministrantengruppe angehören, hängen von der Art der Liturgie, dem Raum und der Gemeinde ab.[clxxxii] Diese können in drei Kategorien eingeteilt werden:

Der ersten Kategorie gehören *Assistenzaufgaben* an.[clxxxiii]
Da das Herrenmahl ein Mahl der Gemeinschaft ist, soll ein Priester nicht alles selber machen.[clxxxiv] Deswegen braucht er Ministranten, die verschiedene notwendige Handreichungen während dem Gottesdienst vollziehen. Durch das Bringen, Vorbereiten und Wegtragen der liturgischen Geräte und Mittel (Messbuch, Wein und Wasser, Brot, Kerzen, Kelch und Hostienschale) machen Ministranten den Verlauf des Gottesdienstes ruhig, geordnet und auch dynamisch. Mit ihrer Hilfe wird „die Funktion und Bedeutung des Leitungsamtes in der gottesdienstlichen Versammlung (…) transparenter und sachgerechter."[clxxxv]

Zur zweiten Kategorie gehören *Kommunikationsaufgaben.*[clxxxvi]
Durch das Gehen, Stehen, Sitzen und Knien wird der zeichenhafte Charakter des Gottesdienstes verdeutlicht. Das Tun der Messdiener ist ein Hinweis für die ganze Gemeinde auf zahlreiche Zeichen, Gesten, Worte, Symbole und Zeichenhandlungen des Gottesdienstes, auf das, was insgesamt wahrzunehmen ist, was zum Beispiel zu sehen und ohne Worte zu hören ist.[clxxxvii] Es handelt sich um eine symbolische Kommunikation, die bei der Feier der Liturgie wahrgenommen werden kann. Dies hat eine große Bedeutung für die gesamte feiernde Gemeinde und ihre eigene Wahrnehmung des Gottesdienstes.

Zur dritten Kategorie gehören *Animationsaufgaben.*[clxxxviii]
Das ist die Gesamtwirkung der Ministrantengruppe, die durch einen Fest- und Feiercharakter der Liturgie zeigt und erleben hilft. Das wird u.a. durch das Tragen von Kerzen, das Schwenken des Weihrauchfasses, durch Prozessionen zum Ausdruck gebracht. „Indem sie Licht, Farben, Formen und Bewegung in das Geschehen bringen, tragen sie zur emotionalen Bereicherung bei und verstärken das sinnenhafte Erlebnis des Gottesdienstes."[clxxxix]
Während der Liturgie haben Ministranten nicht immer etwas zu ‚tun'. Es gibt auch jene, denen keine Aufgabe anvertraut wurde. Der Sinn ihres Dienstes äußert sich aber in ihrem liturgischen Dasein. Ihr Dasein beim Altar zeigt, dass „im Gottesdienst nicht menschliches tun im das Erstentscheidende ist, sondern Gottes handeln am Menschen".[cxc] Der Mensch lässt sich im Gottesdienst von Gott mit Heil beschenken. Das liturgische Dasein drückt aus, das der Mensch bereit ist das Geschenk Gottes anzunehmen.

Wenn also die Ministranten sich dessen bewusst werden, dass erstens Gottes Handeln am Menschen während der Liturgie das Erstentscheidende ist und zweitens die liturgische Funktionen heilig sind, kann ihr Dienst einen wichtigen Einfluss auf ihr Leben haben. Dadurch werden sie eine besondere Chance haben, Liturgie als „Quelle des Lebens"[cxci] kennenzulernen und auch eine besondere Mission, andere Menschen die Nähe Gottes zu bringen.[cxcii]
Gottesdienst hat auch einen ‚Zeugnischarakter'. Das bedeutet, dass er Grundereignis des Gemeindelebens ist und gleichzeitig sein ‚Spiegel'. „Was im gottesdienstlichen Leben der Gemeinde richtig ist, kann für die übrigen Bereiche des Gemeindelebens nicht falsch sein."[cxciii]
Die Vorbereitung und der Verlauf des Gottesdienstes hängen auch vom Ministrantendienst ab. Deswegen können die Ministranten im Gottesdienst u.a. ein Zeichen dafür sein, ob die Gemeinde wirklich lebendig ist oder nicht. Ohne lebendigen Gottesdienst kann die Gemeinde nicht lebendig sein.[cxciv]
Ministrantendienst ist also kein ‚Kinderspiel', obgleich er meistens von Kindern und Jugendlichen ausgeübt wird. Er muss aber nicht auf Kinder und Jugendliche beschränkt bleiben. Er kann genauso von Erwachsenen wahrgenommen werden, besonders in Gottesdiensten bei denen keine Kinder und Jugendlichen teilnehmen können. Es gibt keine Altersbegrenzung für Ministranten. Es gibt in vielen Gemeinden den Brauch, dass erwachsene Ministranten als Gruppenleiter und Ausbilder der jüngeren Ministranten fungieren.
Alle, die dienen wollen, sollen zu diesem Dienst gut vorbereitet sein. Deswegen muss in der Gemeinde die richtige Ausbildung und Begleitung der Ministranten stattfinden.[cxcv]

2.3.2. Konkrete Aufgaben der Ministranten

Ministranten sorgen bei der Feier kirchlicher Gottesdienste für einen geordneten und dynamischen Ablauf. Sie unterstreichen durch ihr Handeln bestimmte Vorgänge und weisen auf wesentliche Teile hin.[cxcvi] So helfen Sie der Gemeinde durch ihren Dienst zur aktiven und tätigen Teilnahme bei kirchlichen Feiern. Ministranten sind Teil der mitfeiernden Gemeinde. Deshalb ist es gut, wenn sich die Ministranten am Gesang der Gemeinde beteiligen. Dazu ist es notwendig, dass sie Gesangbücher an ihrem Platz haben und dass sie den Liedanzeiger einsehen können. Die Plätze der Ministranten sollen so angeordnet sein, dass die Ministranten die Gottesdienstliche Feier mitverfolgen und alles Verstehen können.[cxcvii]
Die folgende Beschreibung hat zum Ziel, die wichtigsten Aufgaben der Ministranten während der Liturgie vorzustellen, wobei die Ministranten der Gemeinschaft und in der Gemeinschaft vor dem Herrn dienen.[cxcviii]

2.3.2.1. Der Ministrantendienst währen der heiligen Messe

„Das Konzil hat in aller Deutlichkeit herausgestellt, dass die ganze Gemeinde nicht nur passiver Empfänger, sondern Träger, Subjekt der liturgischen Akte ist.“[cxcix]
Nach der Messordnung soll die Gemeindemesse wenigstens an Sonn- und Festtagen „mit Gesang und unter Mitwirkung der entsprechenden Dienste gefeiert werden“ (AEM 77). Außer dem Priester sollte in der Regel ein Lektor, ein Kantor und wenigstens ein Altardiener vorhanden sein.“ (AEM 78f.)

Ministranten haben eigene Aufgaben, die sich aus dem äußeren Verlauf der liturgischen Feiern ergeben.[cc] Hierbei ist es wichtig zu bedenken, dass Feiergestalt und Sinngehalt der Liturgie den Ministranten und der Feiernden Gemeinde erschlossen werden soll. „Die Sinngestalt der Liturgie ist das lobpreisende Gedächtnis für das Heil, welches uns Gott in Jesus Christus geschenkt hat.“[cci]
„Ohne Zweifel ist der Mitvollzug der Liturgie selbst ein wesentlicher Weg liturgischer Bildung.“[ccii]

Eröffnung
Bei der Eröffnung gegen Ministranten mit anderen Altardienen in der Prozession zum Altar. An der Spitze der Prozession gehen zwei Messdiener rechts mit dem Weihrauchfass und links dem Schiffchen (Behälter für Weihrauchkörner). Dann folgen drei Messdiener, der mittlere trägt das Vortragekreuz, rechts und links daneben tragen Messdiener brennenden Kerzen.[cciii] Die anderen Altardiener folgen. Der Priester, der der Messe vorsteht, geht am Ende der Prozession.[cciv] Die Prozession ist ein Sinnbild für die pilgernde Kirche, die dem Herrn Jesus Christus nachfolgt. Deshalb wird das Kreuz mit dem erhöhten Herrn der Prozession vorangetragen. Der Weihrauch ist Sinnbild für das aufsteigende Gebet und dem damit verbundenen Lobpreis der Kirche für Gottes Heilstat. Mit dem Kreuz zieht gleichsam Christus in die Liturgie ein. Er, der das Licht für die Welt ist wird von Lichtträgern begleitet. Das brennende Licht ist das Zeichen, dass an Ostern, an die Auferstehungsfeier erinnert. Die Messdiener tragen das Licht Christi (lat. *Lumen Christi*). Der *Akt des Sich-Versammelns* wird abgeschlossen.[ccv] Die Kirche versammelt sich zur Feier der Liturgie. Die feiernde Gemeinde gedenkt der Heilstaten Gottes und empfängt Heil durch den in der Liturgie anwesenden Christus.
Nach dem Kommen zum Altar machen alles eine tiefe Verneigung oder eine Kniebeuge, wenn das Allerheiligste dort aufbewahrt wird. Der Altar ist Sinnbild für Jesus Christus. Um ihn versammelt sich die betende und feiernde Gemeinde. Das Kreuz wird in die Nähe des Altares oder an einem passenden Platz aufgestellt. Ministranten, die Kerzen oder Leuchter tragen, stellen sie neben den Altar oder auf den Kredenztisch. Nach dem Altarkuss kann der Priester den Altar umschreiten und inzensieren (mit Weihrauch verehren).

Dazu reichen im zwei Messdiener Weihrauchfass und Schiffchen zum einlegen. Bei der Umschreitung des Altares kann der Priester von zwei Ministranten begleitet werden. Dies ist ein Zeichen zur Verehrung Jesu Christi und zeigt seine Anwesenheit an. Wie der Weihrauch aufsteigt, so sollen das Gebet und der Gesang der Gemeinde zu Gott aufsteigen. (Ps 141) Nach der Eröffnung (Kreuzzeichen) und Begrüßung (‚Der Herr sei mit euch. – Und mit deinem Geiste.') wird das Allgemeine Schuldbekenntnis gesprochen. Dieses kann, besonders an Sonntagen, durch das Taufgedächtnis ersetzt werden. In dem Fall geht der Priester durch die versammelte Gemeinde und besprengt sie mit Weihwasser. Mit ihm geht ein Ministrant, der den Weihwasserkessel trägt. Mit der Taufe wird der Mensch in die Kirche aufgenommen, er wird von der Erbschuld befreit und zum Leben mit Gott berufen. Dies soll der feiernden Gemeinde immer wieder in Erinnerung gerufen werden. Es folgt die Bitte um Vergebung. Danach werden die Kyrie-Rufe gesungen oder gebetet. Die Kyrie-Rufe stellen ein anbetendes Gebet dar. Es ist keine Verlängerung das Bußaktes. Hier beginnt der *Gemeinsame Akt der Anbetung.*[ccvi] Das gemeinsame Beten und Singen der feiernden Gemeinde ist ein Lobpreisendes Gedächtnis der Heilstaten Gottes. An Sonn- und Festtagen singt man (außer in der Advent- und Fastenzeit) nach dem Kyrie das Gloria. Der Eröffnungsteil endet mit dem Tagesgebet, bei welchem ein Ministrant das Messbuch dem Priester vor Augen hält.[ccvii] Im Tagesgebet wird der anwesende Herr angesprochen, er wird an seine Heilstaten erinnert und gebeten auch hier und jetzt, bei dieser liturgischen Feier, Heil zu wirken.

Wortgottesdienst

Nach der Eröffnung folgt der Wortgottesdienst. Es beginnt mit dem *Akt der Verkündigung.*[ccviii] Der Lektor trägt die Lesung (an Sonn- und Festtagen sind es zwei Lesungen) vor. Hier hört die anwesende Gemeinde das Wort der Heiligen Schrift, das Wort Gottes. Hier wird Gottes Heilswirken vergegenwärtigt. Der Kantor singt den Antwortpsalm vor und die Gemeinde antwortet mit einem Kehrvers. Im Antwortpsalm antwortet die Gemeinde auf das verkündete Wort Gottes im lobpreisenden Gebet. Durch das Singen der Psalmen werden die gehörten Worte der Lesung vertieft. Wenn der Kantor den Ruf vor dem Evangelium singt, beginnt die Evangeliumsprozession. Der Ruf vor dem Evangelium ist eine Vorbereitung auf das Hören des Evangeliums, indem Gott selbst zu den Hörenden spricht. Zwei Messdiener (Rauchfass- und Schiffchenträger) kommen zum Priester, damit er Weihrauch einlegt. Zwei andere Messdiener treten mit Kerzen vor den Altar. Die Messdiener mit Weihrauch und Schiffchen schließen sich ihnen an. Der Diakon, der das Evangelium verkündet nimmt das Evangeliar vom Altar auf. Nun ziehen die vier Ministranten, dem Diakon voran, in einer Prozession zum Ambo.[ccix] Nach der Ankündigung des Evangeliums (‚Aus dem heiligen Evangelium nach N.') reicht der Weihrauchfassträger dem Diakon das Weihrauchfass. Der Diakon inzensiert das Evangelienbuch. Dann wird das Evangelium verkündet. Durch die Kerzen und den Weihrauch wird auf Anwesenheit Jesu Christi verwiesen. Bei der Verkündigung des Evangeliums spricht Christus selbst zu den Anwesenden. Daher hat das Anhören des Evangeliums heilsame Wirkung. Nach dem Evangelium folgt die Predigt. Während der Predig sitzen die Ministranten auf ihren Sitzplätzen und hören zu. An Sonntagen und Hochfesten singen oder sprechen alle danach das Glaubensbekenntnis. Das Glaubensbekenntnis ist die Antwort der Gemeinde auf die Wortverkündigung. Daher ist es wichtig, dass auch die Ministranten bewusst dieses Bekenntnis ablegen. Es folgen die Fürbitten, das allgemeine Gebet[ccx], als das Gebet der Gläubigen. Hier werden aktuelle Anliegen vorgetragen, wofür Gottes Heilshandeln erbeten wird. Dies ist der „Akt des Gebetes."[ccxi] Damit schließt der Wortgottesdienst, als Teil der Messfeier.

Eucharistiefeier

Mit der Gabenbereitung beginnt der zweite Hauptteil der heiligen Messe, die Eucharistiefeier.[ccxii] Ministranten bringen Korporale, Kelchtuch, Kelch und Messbuch zum Altar.[ccxiii] Die Ministranten oder andere Vertreter der Gemeinde bringen Brot und Wein und eventuell auch mit anderen Gaben in einer Prozession zum Altar. Die Gaben, die von der Gemeinde zum Altar gebracht werden, sind Zeichen der eigenen Hingabe an Gott.

Der Diakon und Priester nehmen die Gaben entgegen, dabei können Ministranten assistieren. Brot und Wein werden zum Altar gebracht und die anderen Gaben an einem geeigneten Platz, zum Beispiel vor dem Altar, niedergelegt. Brot und Wein stehen Zeichenhaft für Essen und Trinken des Menschen. Es sind die lebenserhaltenden Mittel für den Menschen. In dem der Mensch dieses dem Herrn zurückschenkt, gibt er sich selber hin. Am Altar reicht ein Ministrant dem Priester die Hostienschale mit dem Brot. Der Priester nimmt das Brot entgegen und spricht das Begleitgebet. Zur Bereitung des Kelches werden dem Diakon oder dem Priester zwei Kännchen, eines mit Wein, eines mit Wasser, gereicht. Der Priester spricht die Begleitgebete und stellt den Kelch auf das Korporale. Danach kann er die Gaben und den Altar inzensieren. Dazu kommen Weihrauchfass- und Schiffchenträger zum Priester um Weihrauch einzulegen. Diakon oder Ministranten können den Priester beim inzensieren begleiten. Danach werden der Priester und die Gemeinde von dem Diakon oder den Ministranten inzensiert. Hierdurch wird deutlich gemacht das Jesus Christus jetzt anwesend ist. Er ist anwesend am Altar, im Priester, der der Messfeier vorsteht und in der betenden Gemeinde. Die Ministranten waschen dem Priester die Hände und reichen ihm ein Tuch zum abtrocknen.[ccxiv] Der Priester schließt mit dem Gabengebet die Gabenbereitung ab. Es beginnt nun das Eucharistische Hochgebet, das mit der Präfation eingeleitet wird. In der Präfation wird das Heilshandeln Gottes gepriesen. Auf die Präfation folgt der Gesang des Sanktus, in das die Gemeine einstimmt. Nun spricht der Priester das Hochgebet in dem die Konsekration (Wandlung) eingebettet ist. Kurz vor der Epiklese können die Ministranten ein Glockenzeichen geben, um auf die besondere Bedeutung der Wandlung hinzuweisen. Bei der Erhebung der verwandelten eucharistischen Gaben werden diese Gaben von den Ministranten inzensiert. Wo es üblich ist läuten sie auch mit den Glocken.[ccxv] Hierdurch wird auf die Anwesenheit Jesu Christi in den Eucharistischen Gestalten hingewiesen. Das Hochgebet schließt nach der Schlussdoxologie mit dem zustimmenden Amen der Gemeinde.
Es beginnt der nächste Teil der Eucharistiefeier, die Kommunionfeier. Die Ministranten beten zusammen mit der Gemeinde und dem Priester das Gebet des Herrn. Beim Friedensgruß empfangen die Ministranten vom Priester oder Diakon den Friedensgruß[ccxvi]. Dann geben sie ihn einander weiter und geben den Friedensgruß an die Gemeinde weiter. Der Friedensgruß bringt zum Ausdruck, dass die Gemeinschaft mit Christus auch die Gemeinschaft unter den Brüdern und Schwestern bewirkt. Bei der Brechung des eucharistischen Brotes wird das Agnus Dei (Lamm Gottes) gesungen. Nun folgt der Kommunionempfang. Nach dem eigenen Kommunionempfang begeben sich die Ministranten zu ihren Plätzen. Hier ist Gelegenheit gegeben persönliche Gebete an Gott zu richten. Ministranten sollten diesen Moment nicht als Pause ihres aktiven Tuns verstehen, sondern als eine Chance mit Gott im betrachtenden Gebet persönlich in Kontakt zu treten. Christus den sie in den eucharistischen Gaben empfangen haben, möchte nun bei ihnen Heil bewirken.
Nach der Kommunionausteilung helfen die Ministranten bei der Reinigung der Gefäße[ccxvii], indem sie Wasser bringen. Nach der Purifikation tragen die Ministranten die Altargeräte (Kelch, Hostienschale und Korporale)zur Kredenz.
Nach der Kommunionausteilung kann der Priester an seinen Sitz zurückkehren. Auch die Ministranten gehen zu ihren Plätzen zurück. Man kann nun eine Zeit im stillen Gebet verweilen. Es empfiehlt sich einen Dankpsalm oder ein Loblied zu singen. Nun folgt das Schlussgebet.
Die Eucharistiefeier, als Teil der Messe, endet mit Schlussgebet. Im Schlussgebet gedenkt die Gemeinde des Heilhandeln Gottes, dass in dieser Feier, durch den Empfang der eucharistischen Gaben, gewirkt worden ist und bitte um das Heil für das Leben und die alltäglichen Aufgaben.

Entlassung
Danach folgt die Entlassung durch Segen und Sendung (‚Gehet hin in Frieden.'). Durch den Segen wird den Mensch zugesprochen, dass Gottes Heilshandeln nicht mit dem Gottesdienst zu Ende ist, sondern dass es in das konkrete Leben der Menschen hineinwirkt. Leben und Liturgie sind miteinander verbunden. Der Christ wird nach der Feier der Messe in die Welt hinaus gesandt, um als Christ in dieser Welt zu leben und dadurch auf die heilende Liebe Gottes zu verweisen. Deshalb machen alle Mitwirkenden vor dem Altar eine tiefe Verneigung oder eine Kniebeuge und gehen in einer Prozession zur Kirche hinaus.

2.3.2.2 Andere liturgischen Dienste der Ministranten

Ministranten üben ihren Dienst auch während der Feier der anderen Sakramente aus, die meistens mit der Feier der Messe verbunden sind. Es ist ein Zeichen, dass die liturgisches Handeln nicht „privater Natur", sondern „Feiern der Kirche" sind.[ccxviii]
Die folgende Beschreibung zeigt nur die zusätzlichen Aufgaben der Ministranten, die während der Feier eines Sakramentes zu ihrem Dienst gehören. Auch in liturgischen Feiern, die außerhalb der Messfeier stattfinden, ist Jesus Christus anwesend. Er wirkt nicht nur Heil für jene, die ein Sakrament, eine Sakramentalie oder einen besonderen Segen empfangen, sondern die ganze feiernde Gemeinde wird in ihrem Glauben gestärkt und erfährt die Heilung Gottes. Wenn ein Glied des mystischen Leibs Jesu Christi geehrt wird, freut sich der ganze Leib mit.

Die Aufgaben der Ministranten bei der Feier der Taufe.
Die Ministranten begleiten den Priester oder Diakon und assistieren ihm. Sie bringen die Kanne mit Taufwasser, eine Schale, ein Handtuch, das Chrisamgefäß und einen Wattebausch zum Ort der Taufe.[ccxix]
Bei der Taufe gehört zu ihren Aufgaben das Liturgiebuch zu halten bei der Handausstreckung und bei der Handauflegung; das Halten des Ölgefäßes bei der Salbung und das Anreichen des weißen Gewandes und der Taufkerze.[ccxx] Es geht dabei nicht nur darum, dass sie hilfreiche Handreichungen machen, sondern dass sie die Feier der Taufe mitfeiern und miterleben. Sie erinnern sich dabei, dass sie selbst getauft worden sind. Durch die Zeichenhandlungen und die Begleittexte wird deutlich gemacht, was Christsein bedeutet.

Die Aufgaben der Ministranten bei der Feier der Firmung.
Wird die Feier der Firmung von einem Bischof geleitet, halten zwei Ministranten Stab und Mitra, sobald er diese nicht selbst trägt.[ccxxi]
Ein Ministrant hält das Liturgiebuch bei der Ausstreckung der Hände über die Firmlinge. Ein Ministrant hält das Ölgefäß bei der Salbung. Die Ministranten helfen dem Bischof bei der Reinigung der Hände nach der Salbung. Dazu bringen sie eine Schale mit Brotkrumen oder mit Salz, eine Zitrone, eine Wasserschale, Seife und ein Handtuch.[ccxxii] Auch hier geht darum, dass Ministranten bei ihrem Tun erfahren, was Firmung bedeutet. Der Gefirmte ist ein Gesalbter, er ist mit dem Heiligen Geist begabt, er ist gestärkt in seinen Glauben und ist dazu berufen Zeugnis über seinen Glauben abzulegen. Der Bischof ist der erste Spender des Firmsakramentes, weil Nachfolger der Apostel ist, die am Pfingstfest den Heiligen Geist empfangen haben. Daher stehen alle Gefirmten in Verbindung zu ihrem Bischof. Dies wird auch deutlich durch das Chrisamöl, welches der Bischof für seine Diözese in der Chrisammesse, in der Karwoche, weiht. Mit diesem Chrisam werden alle Firmungen des folgenden Jahres gespendet.

Die Aufgaben der Ministranten bei der Feier der Krankensalbung
Bei der Feier der Krankensalbung bringen Ministranten das Ölgefäß mit dem Krankensalböl. Sie halten das Liturgiebuch während den Salbungen und sie helfen dem Priester bei der Reinigung der Hände.
Auch wenn die Feier der Krankensalbung im Krankenzimmer stattfindet ist es keine private Feier, sondern die Feier der liturgischen Gemeinde.[ccxxiii] Deshalb ist es gut wenigstens eine kleine Gemeinde zu dieser Feier zu versammeln. Wenn möglich sollen ach Ministranten bei dieser Feier mitwirken. Ministranten können hier erfahren, dass zum Leben auch Krankheiten gehören. Gott möchte aber den kranken Menschen nahe sein und sie in ihrer Situation stärken.

Die Aufgaben der Ministranten bei der Feier der Trauung
Während der Feier der Trauung begleiten Ministranten den Priester oder den Diakon.
Sie halten den Teller mit den Ringen, das Aspergill mit Weihwasser und das Liturgiebuch. Bei dem Segen über das Brautpaar hält ein Ministrant das Liturgiebuch, damit der Zelebrant die Hände über das Brautpaar ausstrecken kann.[ccxxiv] Die Feier der Trauung ist auch keine private Familienfeier, sondern die Feier der Kirche. Ministranten sind Teil dieser feiernden Gemeinde. Sie erleben wie eine Eheschließung gefeiert wird. Damit erfahren sich auch wie ihre eigenen Eltern geheiratet haben. Durch die Gebete und die Texte, die im Ritus der Trauung gesprochen werden, erfahren sie auch die Bedeutung der christlichen Ehe und etwas über ihre eigene Herkunft.

Feier der Sakramentalien
Ministranten dienen auch bei der Feier der Sakramentalien, die heilige Zeichen sind, „durch die in einer gewissen Nachahmung der Sakramente, Wirkungen, besonders geistlicher Art, bezeichnet, und kraft der Fürbitte der Kirche erlangt werden".[ccxxv] Die Sakramentalien werden in verschiedene Typen eingeteilt. Zu ihnen gehören Weihungen und Segnungen, Exorzismen, Bittprozessionen und gottesdienstliche Feiern.[ccxxvi]

Aufgaben der Ministranten beim sakramentalen Segen.
Ein besonderer Segen der in den Gemeinden oft gefeiert wird, ist der sakramentale Segen, der auch eucharistischer Segen genannt wird. Dieser Segen wird nach sakramentalen Anbetungen, Andachten oder Prozessionen gefeiert. Hierbei fallen den Ministranten die Aufgaben zu, dem Zelebranten das Segensvelum zu reichen und nach den Segen wieder abzunehmen. Sie versehen den Dienst am Weihrauch, in dem sie beim Einlegen helfen und während dem Segen inzensieren. Sie schellen beim Segen mit den Glocken.[ccxxvii] Hier wird deutlich, dass Christus der in der eucharistischen Gestalt gegenwärtig ist, selbst der Segnende ist. Viele Menschen erleben diese Segensform als Heilbringend für ihr Leben. Auch den Ministranten soll dies erschlossen werden. Bei ihrem Dienst nehmen sie auch für sich selbst den Segen an.

Aufgaben der Ministranten bei der Begräbnisfeier
Die kirchliche Begräbnisfeier gehört zu den Sakramentalien.[ccxxviii] Bei der Begräbnisfeier, die in ihrer Vollform aus drei Stationen und zwei Prozessionen besteht,[ccxxix] haben Ministranten die Aufgabe den Vorsteher zu begleiten und ihm bei den Zeichenhandlungen das Liturgiebuch zu halten. Sie reichen ihm am Grab das Aspergill, das Weihrauchfass, eine Schaufel mit Erde und das Kreuz.
Bei den Prozessionen gehen die Ministranten mit dem Vortragekreuz, Weihrauch und Weihwasser an der Spitze der Prozession. Bei der Begräbnismesse haben sie ihre gewohnten Aufgaben.
Durch die Feiergestalt erfahren die Ministranten etwas von dem Sinngehalt des christlichen Leben und Sterben. Im kirchlichen Begräbnis findet man als Grundmotiv das Paschamysterium Jesu Christi. Die liturgische Gemeinde begleitet ein verstorbenes Mitglied ihrer Gemeinde. Es beginnt in der Regel am Trauerhaus, in dem der Verstorbene gelebt hat und nun verstorben ist. Man geleitet den Leichnam zur Kirche, in der die Messfeier für den Verstorbenen gefeiert wird. In einer zweiten Prozession geleitet man den Leichnam zum Grab. In der Mitte der Feier steht die Messfeier. Christus, der bei der Liturgie, besonders bei der Messfeier, gegenwärtig ist, bewirkt Heil für den Verstorbenen und für die Hinterbliebenen. In dieser Zuversicht wird der Verstorbene in Würde bestattet.

Aufgaben der Ministranten beim Wortgottesdienst
Die liturgische Konstitution des Zweiten Vatikanischen Konzils fördert eigene Wortgottesdienste (auch Wort-Gottes-Feier genannt), um deutlich hervorzuheben, dass in der Liturgie Ritus und Wort miteinander verbunden sind.[ccxxx]
Ihr Schema stütz sich auf den Wortgottesdienst der Messfeier mit einem beliebigen Eröffnungsakt am Anfang und dem Herrengebet an Ende.[ccxxxi]

In vielen Gemeinden werden eigenständige Wortgottesdienste gefeiert. Diese können auch ohne Priester stattfinden. Sie werden von einem Diakon oder von einem beauftragten Laien geleitet. Auch hier sollen Ministranten mitwirken, um die Würde des Wortes Gottes durch ihren Dienst zu unterstreichen. Die Ministranten begleiten dabei die Einzug und Auszugsprozession.[ccxxxii] Sie begleiten die Evangeliumsprozession.[ccxxxiii] Wenn die Kommunion ausgeteilt wird, sollen Ministranten bei der Übertragung der eucharistischen Gaben vom Tabernakel zum Altar mit Kerzen vorangehen.[ccxxxiv] Ministranten, die beim Wortgottesdienst mitwirken, erleben in eindrucksvoller Weise, welchen Stellenwert das Wort der Heiligen Schrift in der Verkündigung hat. Auch hier ist der Herr bei der Feier der Liturgie anwesend und schenkt den Menschen Heil.

3. Das pastorale Verständnis der Ministrantenarbeit

Die Stellung der Ministranten in der Gemeinde und ihr Dienst in der Gemeinde führen dazu, die Arbeit mit der Ministrantengruppe pastoral zu verstehen. Es soll im Folgenden dargestellt werden, welche Chancen in der Ministrantenpastoral gegeben sind.

3.1. Die Ministrantenpastoral im Allgemeinen

Das Zweite Vatikanische Konzil ist ein wichtiges Ereignis im Leben der Kirche. Als „ein Konzil in Freiheit und echtem Dialog und gleichzeitig ein Konzil auf der Grundlage des alten und bleibenden Glaubens der katholischen Kirche“[ccxxxv] brachte es neue Erkenntnisse, um zu verstehen, welchen Platz und welche Rolle die Kirche in der heutigen Zeit hat. Es war auch „ein Konzil der Kirche über die Kirche“[ccxxxvi] dadurch, dass es für alle Bereiche kirchlichen Wirkens und Lebens galt. Auch die Ministrantenarbeit und der Ministrantendienst werden seit dem anders verstanden.
Bis zum Zweiten Vatikanischen Konzil wurde der Schwerpunkt auf das richtige Ausüben des liturgischen Dienstes gelegt.[ccxxxvii]
Ministranten waren bei der Feier einer Messe gesetzlich notwendig. Sie mussten dem Priester in lateinischer Sprache antworten und mehrere Handlungen während der Liturgie gut ausüben. Sie wurden als Stellvertreter der Gemeinde verstanden. In dieser Zeit gab es auch verschiedene Versuche, in den Ministrantengruppen erzieherische Arbeit zu leisten. Letztlich aber lag der Schwerpunkt auf der Ausübung des Dienstes.
Obwohl Papst Pius XII. in der Enzyklika über die heilige Liturgie *Mediator Dei*[ccxxxviii] dem Ministrantendienst schon viel Aufmerksamkeit geschenkt hatte, spielt das Zweite Vatikanische Konzil in der Geschichte der Ministranten eine wichtige Rolle. In der Konstitution des Konzils über die heilige Liturgie *Sacrosanctum Concilium* wird der Ministrantendienst „ein wahrhaft liturgischer Dienst“[ccxxxix] genannt. Das hat eine große Bedeutung. Seit dieser Zeit wird der Ministrantendienst nicht mehr als delegierter Hilfsdienst verstanden. Ministranten üben einen wahren liturgischen Dienst aus. Sie sind nicht mehr Vertreter der Gemeinde, weil die ganze Gemeinde Trägerin der Liturgie ist. Ministranten sind mitfeiernde Glieder der Gemeinde, in der sie einen eigenen Platz haben.
Diese Änderung im Verständnis des Ministrantendienstes und der Position der Ministranten in der Gemeinde ermöglichte eine weitere Entwicklung, die sich in den folgenden Begriffen ausdrückt: „Ministrantendienst“, „Ministrantenarbeit“ und schließlich seit Beginn der 80er Jahre „Ministrantenpastoral“.[ccxl]
Es ist wichtig Ministranten, die Mitträger der Liturgie sind, als konkrete Kinder und Jugendliche zu sehen. Deswegen soll unter den Wort Ministrantenpastoral „(der) Heilsdienst der Kirche an und mit jungen Menschen, sowie durch junge Menschen“[ccxli] in all ihren Lebensbereichen verstanden werden. Durch eine verantwortungsvolle pädagogische Begleitung und spirituelle Förderung will Ministrantenpastoral Kindern und Jugendlichen auf ihrem Weg zum mündigen Christsein, Kirche konkret und positiv erfahrbar machen.[ccxlii]

Solches Verstehen der Ministrantenpastoral ist möglich, in Anlehnung an eine Pastoral, die das gesamte Handeln der Kirche, als *Communio* in den drei Vollzügen Diakonia, Martyria und Leiturgia verstanden wird.[ccxliii]

Die liturgische Konstitution des Zweiten Vatikanischen Konzils nennt den Ministrantendienst einen „wahrhaft liturgischen Dienst“[ccxliv] und fügt hinzu: „Deswegen sollen sie ihrer Aufgabe in aufrichtiger Frömmigkeit und in einer Ordnung erfüllen, wie sie einem solchen Dienst ziemt und wie sie das Volk Gottes mit Recht von ihnen verlangt. Deshalb muss man sie, jeden nach seiner Weise, sorgfältig in den Geist der Liturgie einführen und unterweisen, auf dass sie sich in rechter Art und Ordnung ihrer Aufgabe unterziehen.“[ccxlv]

In dem zitierten Text gibt es zwei Hinweise, die wichtig für die heutige Ministrantenpastoral sind. Der erste betont das fromme und sorgfältige Ausüben des liturgischen Dienstes. Obwohl heute der Schwerpunkt der Ministrantenarbeit auf der Begleitung des jungen Menschen auf seinem Lebensweg liegt, spielt das Ausüben des liturgischen Dienstes eine wichtige Rolle, die aus dem Kern der Liturgie hervorgeht. Wegen dieses Dienstes kommen Kinder und wollen in einer Gruppe sein, die ihnen das Ausüben der liturgischen Handlungen ermöglichen wird. Diese Situation soll genutzt werden.

„Da liturgische Bildung allerdings nicht auf religionswissenschaftliche Kenntniserweiterung zielt, sondern auf lebendigen gottesdienstlichen Vollzug, muss zu ihr auch die praktische Einübung liturgischer Handlungen gehören.“[ccxlvi]

Das sorgfältige Ausüben des Dienstes beim Altar kann und soll behilflich sein, um „den Zugang zu einem Leben in der Nachfolge Jesu Christi zu eröffnen“.[ccxlvii]

Der zweite Hinweis erwähnt die Erziehung zum guten Verständnis, Erleben und Ausüben dieses Dienstes. Es geht also nicht nur um ein Ausüben, sondern um die Erziehung im Geist der Liturgie, damit die Nähe des Altares besser Frucht bringen kann.

Zur liturgischen Bildung der Ministranten gehört eine mystagogische Liturgiekatechese. „Das Anliegen dieser Form der Katechese (ist) es, diejenigen, die die Liturgie bereits mitgefeiert hatten, immer tiefer in das Mysterium das ‚Geheimnis' der Gottesbegegnung im Gottesdienst einzuführen.“[ccxlviii] Diese mystagogische Katechese basiert auf drei Schritten. Sie basiert auf der wiederholten Annäherung an das Mysterium der Liturgie; sie basiert ebenso auf dem wiederholten Mitvollzug der Liturgie; und sie basiert auf dem Wachstum in der aktiven Teilnahme an der Liturgie.[ccxlix] Das Ziel der mystagogischen Liturgiekatechese ist die Befähigung zu vollen, tätigen und bewussten Teilnahme am Gottesdienst der Kirche.[ccl]

Diese Erziehung im Geist der Liturgie soll nicht eng verstanden werden. Wie die Liturgie für die Kirche „der Höhepunkt, dem das Tun der Kirche zustrebt und zugleich die Quelle, aus der all ihre Kraft strömt“[ccli] ist, kann sie auch für die heutige Ministrantenpastoral Ideal und erzieherische Methode sein. Sie steht in der Mitte des Lebens und des Interesses der Ministrantengruppe und ist für diese die erste Erzieherin, nach dem Grundsatz: Erziehung zur Liturgie und durch die Liturgie.

Das entspricht auch der Rolle der Liturgie, als eine von drei Dimensionen der *Communio*. Dadurch dass die Liturgie eine so wichtige Rolle in der Ministrantenpastoral spielt, macht sie auch ein gleichberechtigtes Neben- und Miteinander der Dimensionen leichter möglich.

Während der Liturgie wird der Glaube gefeiert. Die Liturgie bietet auch eine Chance, um den Glauben zu vertiefen. Dadurch ist es möglich, dass die, die an der Liturgie teilnehmen, ihr Leben in neuem Licht, im Licht des Evangeliums deuten und besser verstehen lernen. Wenn diese neue Erfahrung im Leben Frucht bringt, dann wird sie in der Liturgie wiederum gefeiert.[cclii]

Die Verbindung der drei Dimensionen in der Communio macht also die besondere Chance und die Bedeutung der Ministrantenpastoral aus: Durch das bessere Verständnis der Liturgie und die aktive Teilnahme können Ministranten den Reichtum der göttlich-menschlichen Geheimnisse geistlich erleben, die unter durch Realsymbole während der Liturgie geschehen. Die Nähe dieser Geheimnisse und die ausgeübten Funktionen sind für die Ministranten eine unvergleichbare Möglichkeit, die geistliche Verbindung mit Christus zu erreichen.

Ministrantenpastoral ist also ein pastorales Handlungsfeld, im Schnittpunkt der erwähnten Dimensionen, wo es um eine systematische, ernste und christliche Erziehung, durch die Begleitung der Kinder und Jugendlichen, in Anlehnung an die Liturgie geht. Diese soll eine Einführung in das übernatürliche Leben und die Erfahrung eines eigenen Platzes in der Gemeinde sein.

3.2. Die Ziele der Ministrantenpastoral

Ministrantenpastoral verstanden als ein pastorales Handlungsfeld hat ihre eigenen Ziele: Die Verherrlichung Gottes und die Heiligung des Menschen durch das Mysterium des Glaubens, den persönlichen Gottesbezug.

3.2.1. Die Verherrlichung Gottes

„Ob ihr esst oder trinkt oder etwas anderes Tut: tut alles zu Verherrlichung Gottes“ (1 Kor 10,31). Diese Worte des Apostels Paulus helfen verstehen, welches Ziel das Leben und das Tun des Menschen haben. Der Mensch ist gerufen Gott Ehre zu erweisen und Ihn zu loben, nicht nur wegen seiner Taten, sondern weil Er ist.[ccliii]

Die Liturgie und die Kirche sind die Zeit und der Ort, wo Gott besonders gelobt wird. Die Verherrlichung Gottes und die Heiligung des Menschen sind Ziel des Tuns der Kirche. Sie werden in Christus verherrlicht, der während der Liturgie besonders anwesend ist. Sie ist „Vergegenwärtigung und Zuwendung des Heilswerkes Christi, (...) Aktionsgemeinschaft des Hohenpriesters Christus und seiner Kirche zur Heiligung der Menschen und zur Verherrlichung Gottes“.[ccliv]

Der Lobpreis Gottes wird durch das Aufzählen der Großtaten Gottes, das Fassbarwerden der Macht Gottes im menschlichen Wort und durch die Doxologie ausgedrückt. Alle anderen äußeren Ehrbezeigungen, die es in der Liturgie gibt, dienen dazu den sichtbaren Repräsentanten Christi Ehre zu erweisen. Das sind die versammelte Gemeinde, der Priester der die Liturgie leitet, der Altar, das Evangeliar und besonders die eucharistischen Gestalten. Die ehrende Hervorhebung wird durch Insignien und Kleidung, durch das Einnehmen besonderer Plätze, durch die Verwendung von Licht und Weihrauch, durch Verneigung, Kniebeuge und Kuss zum Ausdruck gebracht.[cclv]

Es ist nicht ohne Bedeutung, wie das geschieht. Damit die Liturgie als Verherrlichung Gottes in der Gemeinschaft der Kirche erlebt werden kann, muss sie sorgfältig vorbereitet sein. Das bedeutet, dass der liturgische Dienst schön, fromm und umfassend geübt werden soll. Das Üben des liturgischen Dienstes dient dazu, die Ehre Gottes zu mehren und auch die Menschen zum Miterleben, zur aktiven Teilnahme anzuleiten. Damit „alle Gläubigen (...) zur vollen, bewussten und tätigen Teilnahme an den liturgischen Feiern“[cclvi] geführt werden können, sollen jene Elemente der Liturgie entfaltet werden, die von ihrer Natur her dem aktivieren der Gläubigen und der Verbindung zwischen ihnen und der liturgischen Handlung dienen. Dazu sind auch Ministranten gute Helfer.

Zu ihrem liturgischen Dienst gehören nicht nur Assistenzaufgaben, sondern auch Kommunikations- und Animationsaufgaben.

Das bedeutet, dass durch ihren Dienst die versammelte Gemeinde erleben kann, was während der Liturgie geschieht. Die Ministranten können den Gläubigen helfen, zahlreiche Gesten und Symbole (neu) zu entdecken und zu verstehen. Auch ihre Gegenwart beim Altar lässt den Fest- und Feiercharakter der Liturgie erleben.[cclvii]

„Liturgische Bildung erwächst zuerst aus der lebendigen Liturgie und führt wieder tiefer in diese hinein, indem sie hilft, so zu feiern, dass den Teilnehmern das Bild Christi aufleuchtet: im Gottesdienst, im Alltag, in der Tiefe des eigenen Herzens, im Mitmenschen, in der Schöpfung.“[cclviii]

Obwohl die Vorbereitung der liturgischen Handlungen und ihr Ausüben eine so große Bedeutung hat, um Gott Ehre zu erweisen und zu vermehren, gibt es jedoch etwas Wichtiges, ohne das alle Bemühungen wertlos sind. Es geht darum, dass die liturgischen Handlungen nicht aus sich selbst die Ehre Gottes vermehren können. Jeder Mensch, der an der Liturgie teilnimmt und mitfeiert, ist dazu berufen Gott zu verherrlichen.

Das Ausüben des liturgischen Dienstes zeigt die innere Beziehung des Dienenden zu Gott und kann für andere Menschen ‚Zeugnischarakter‘ haben. Deswegen ist es wichtig, wie Ministranten ihren Dienst verstehen. Ob es für sie wie ein ‚Kinderspiel‘ ist, das sie während der Zeremonie beschäftigt, oder ein wahrer liturgischer Dienst, während dessen sie dem lebendigen Gott dienen.

Dafür kann es eine Hilfe sein Ministranten verschiedenen Alters und auch erwachsene Ministranten in der Liturgie einzusetzen.[cclix] Die älteren Ministranten können die jüngeren Ministranten anleiten und in ihrem Dienst unterstützen. Erwachsene Ministranten können als Gruppenleiter eingesetzt werden. So wird deutlich, dass der liturgische Dienst nicht nur eine Kinderbeschäftigung ist, sondern ein wertvoller, ernstzunehmender Dienst.
Es ist notwendig, dass Ministranten verstehen lernen, dass sie wirklich Jesus Christus beim Gottesdienst dienen, der in der Kirche wirkt und während der Liturgie anwesend ist. Sie sind auf der Ebene der Taufe und Firmung wie Werkzeuge in den Händen Gottes und gehören zu den Verehrern Gottes „im Geist und in der Wahrheit“ (Joh 4,23). Das alles bewirkt, dass die liturgischen Handlungen der Ministranten heilig und wirksam sind. Ministranten sollen gelehrt werden, „den Sinn ihres Dienstes zu verstehen, seien es die praktischen notwendigen Handlungen oder das, was Symbol und Zeichen ist, und ihren Dienst mit ihrer Herzensfrömmigkeit zu erfüllen und zu vollziehen.“[cclx] Auch wenn diese Worte schon im Jahr 1948 von Klemens Tilmann geschrieben wurden, sind sie noch immer aktuell für die heutige Ministrantenpastoral.
Ministranten schöpfen aus der Liturgie den wahrhaft christlichen Geist.[cclxi] Durch das gute Verstehen der Liturgie erleben und üben sie immer besser ihren Dienst aus. Dank dem liturgischen Dienst werden sie immer fähiger, durch das Zeugnis des Glaubens und der Liebe, anderen Menschen den Weg zu Christus zu zeigen. Ministranten und alle Menschen, die an Christus glauben, sind aufgefordert, weiterzugeben, was sie empfangen, meditiert und gefeiert haben.[cclxii] Dadurch wird Gott verherrlicht. Die Verherrlichung Gottes ist aber nicht nur der Weg Gott zu zeigen, dass der Mensch ihn liebt. Der Mensch der Gott verherrlicht wächst im Mysterium des Glaubens und findet zu einer persönlichen Gottesbeziehung. Dies ist ein wichtiges Ziel, dem die Ministrantenpastoral dient und dienen soll.

3.2.2. Die Heiligung des Menschen

Neben dem ersten Ziel der Ministrantenpastoral gibt es ein zweites, das man die Heiligung des Menschen nennen kann. Das zeigt, welche Bedeutung, welchen Sinn der Ministrantendienst für Kinder und Jugendliche hat oder haben soll. Es geht nicht nur um schönes Ausüben des liturgischen Dienstes, obwohl das wichtig ist, sondern um die Kinder und Jugendlichen selbst, die den Dienst ausüben, um ihre Erziehung im Geist der Liturgie, in der es wichtige Hinweise für das christliche Leben der Ministranten gibt.[cclxiii]
Das Ziel einer erzieherischen Arbeit liegt darin, dass Kinder vor verschiedenen Gefahren bewahrt und auf den Weg der Selbsterziehung geführt werden. Da die Kinder sich meist im Alter zwischen 9 und 14 Jahren zum Ministrieren melden, können sich verschiedene erzieherische Schwierigkeiten ergeben. Deswegen müssen die, die für die Erziehung der Ministranten verantwortlich sind, ihre Arbeit mit den Erkenntnissen der Psychologie, Pädagogik und Soziologie verbinden. Das kann in Verbindung mit der Pastoraltheologie und der Liturgiewissenschaft eine große Hilfe für junge Menschen sein, die gerade innere Harmonie, Freundschaft und Verständnis suchen. Dabei geht es nicht allein um die Suche nach menschlichen Beziehungen, sondern auch um eine gute Beziehung zu Gott. In der Ministrantenarbeit muss der junge Mensch in seiner Lebenswirklichkeit ernst genommen werden.[cclxiv]
Für Kinder, besonders für jene, welche die Pubertät erleben, ist es nicht einfach, einen richtigen Weg zu finden, um ihre Ideale zu realisieren. Deswegen muss der Erzieher mit Hilfe verschiedene Methoden und Formen dem Kind bzw. dem Jugendlichen eine innere Ruhe und Ordnung vermitteln, damit es (er) richtig wählen kann und sich nicht einfach unterwirft. Es ist möglich, dieses zu erreichen, wenn das Kind bzw. der Jugendliche freiwillig mit dem Erzieher mitarbeitet und bereit ist sich in das Geheimnis der Liturgie einführen zulassen.
Eine Methode, dieses Ziel zu erreichen, ist die Methode der erzieherischen Vermittlung.[cclxv] Diese Methode wird auch indirektes bzw. mittelbares Lernen bezeichnet. In dieser Methode geht es darum, dass es in dem erzieherischen Prozess zwischen dem zu Erziehenden und dem Erzieher noch ein mittelbares Element gibt, welches die beiden verbindet.

Das ist jemand oder etwas, mit dessen Hilfe der Erzieher die Interessen der zu Erziehenden weckt. Auch wenn der Erzieher keinen direkten Einfluss auf den zu Erziehenden nimmt, kann er mit Hilfe des mittelbaren Elementes seine Erziehungsaufgaben erfüllen. Damit die erzieherische Vermittlung Frucht bringen kann, muss sie nicht nur als Vermittlung von Werten verstanden werden, sondern auch mit der Sorge um Realisation dieser Werte verbunden sein. Der Vermittlungsaspekt hilft bei der Planung des Lernprozesses. Es werden Hilfen für die Auseinandersetzung mit Inhalten angeboten. Der Lernende bestimmt dabei selber wie er mit diesen Inhalten umgeht. So wird es für ihn ein ‚Lernen aus Erfahrung', dass Rudolf Biermann als ‚selbstbestimmtes Lernen' bezeichnet.[cclxvi]
Auch wenn in der liturgischen Feier eine besondere Dynamik und ein eigener Wert liegen, weil in der liturgischen Feier Christus gegenwärtig ist und den Menschen Heil schenkt, spielt in der Ministrantenarbeit der liturgische Dienst die Rolle eines mittelbaren Elements. Kinder kommen zum Ministrieren, weil sie ein besonders Interesse daran haben, beim Gottesdienst mitzuwirken. Dabei haben sie zunächst nur den äußeren Dienst im Blick. Nach und nach entdecken sie den eigentlichen Wert der Liturgie. Sie erfahren die heilende Wirkung der Liturgie, die von Christus kommt. Dies ist auch eine Chance der Ministrantenpastoral, die Bereitschaft der Kinder zu gewinnen, die „in der Liebe zu Jesus Christus und seiner Kirche aktiv Aufgaben im Gottesdienst und in der Gemeinde (...) übernehmen."[cclxvii]
Das Engagement der Kinder in der Liturgie führt nicht nur zum besseren Ausüben des liturgischen Dienstes, sondern auch zur geistigen Entwicklung. Diese Entwicklung dient dem Prozess der Vervollkommnung der einzelnen Personen und der ganzen Ministrantengruppe. Die Ministranten sehen, dass das Ausüben der liturgischen Dienste und die Nähe des Altares zu den Idealen führen, die sie anstreben. Das Beispiel des Lebens der Heiligen,
z.B. des hl. Tarsicius (†3.Jh.)[cclxviii] oder des hl. Dominikus Savio († 9.3.1857)[cclxix], und Aufgaben, die Ministranten erfüllen, können sie zur weiteren Selbsterziehung führen. Eine solche Haltung ist nicht durch ein Geschenk, eine Bitte, einen Befehl oder eine Strafe zu erreichen. Sie geht aus dem Erreichen eines Zustandes der äußeren und inneren Harmonie hervor. Es ist ein Lernen durch eigene Erfahrungen. Um das zu erreichen ist eine gut funktionierende Ministrantengruppe notwendig. Sie lässt die äußere Harmonie entstehen. Dadurch trägt sie zur inneren Harmonie bei, welche die Dynamik, den Eifer im Dienst Gottes und die Treue dem Gesetz Gottes gegenüber, im Menschen bewirkt.
Je mehr die jungen Christen in das Geheimnis der Liturgie eingeführt werden und deren Wert entdecken, desto bewusster wird ihre Teilnahme an der liturgischen Feier sein. So wird aus der Bereitschaft einen äußeren Dienst zu erfüllen, ein Hineinwachsen in das Mysterium der Liturgie. Sie erkennen und erfahren die Anwesenheit Gottes im Gottesdienst, bei dem sie aktiv mitwirken. Dadurch entwickeln sie eine lebendige Beziehung zu Gott selbst. Sie öffnen sich für die Begegnung mit Gott. Sie lassen sich von Jesus Christus mit dem Heil beschenken. Erziehung ist in diesem Fall als liturgische Bildung zu verstehen, die dem jungen Menschen hilft Leben und Liturgie zu verbinden. Liturgie wird dann zum Höhepunkt und zu Quelle ihres persönlichen Lebens. So bewirkt die Feier der Liturgie die Heiligung des Menschen.

3.3. Die Aufgaben der Ministrantenpastoral

Paul M. Zulehner schreibt in seinem Buch „Leibhaftig glauben. Lebenskultur nach dem Evangelium"[cclxx] über Urwünsche des Menschen, die zu einem Leben in Frieden, das sich ein Mensch erwartet, gehören. Es sind drei Urwünsche: „einen Namen zu haben", „Wachsen zu können" und „Wurzeln zu schlagen".
Auch wenn der Autor die Urwünsche des Menschen aus der Perspektive der Ehe und Familie beschreibt, können die Urwünsche auch die Richtlinien der Ministrantenpastoral bezeichnen, wodurch Kinder und Jugendliche zu inneren Harmonie geführt werden sollen.

3.3.1. „Wachsen zu können“

Darunter versteht Zulehner, dass Menschen lebendig, also schöpferisch sein und Macht haben wollen, um „an der Geschichte ihres Lebens mitschreiben zu können“.[cclxxi]
Ein solcher Wunsch ist vom Alter unabhängig. Nicht nur Erwachsene, sondern auch Kinder und Jugendliche wollen in ihrem Leben schöpferisch sein. Wenn sie das aber versuchen, können sie nicht selten hören: ‚Ihr seid ja noch Kinder...“. Das bedeutet, dass sie nicht ernst genommen werden und einen Sonderstatus haben. Das heißt, sie müssen zuerst belehrt, erzogen, gelenkt, geführt und auch bewahrt und beschützt werden. Selbstverständlich ist, dass Kinder und auch Jugendliche nicht alles wissen und können, und dass sie Hilfe brauchen. Es ist aber von großer Bedeutung, auf welche Art und Weise sie Hilfe bekommen. Ob sie als Objekte gesehen und dementsprechend behandelt werden, oder als Persönlichkeiten, die in ihren Entscheidungen und Handlungen ernst zu nehmen sind.[cclxxii]

3.3.1.1. Die Hinführung zu einem intensiveren Verständnis der Liturgie

Kinder, die in eine Ministrantengruppe kommen, wollen während der Liturgie 'etwas' tun. Sie haben Interesse daran, ministrieren zu können. Dieses Interesse der Kinder zu nützen, es zu vertiefen und weiterzuentwickeln ist die erste Aufgabe der Ministrantenpastoral. Sie wird 'Wachsen zu können' genannt, weil sich durch den Ministrantendienst die schöpferische Kraft der Kinder äußern soll. Ministranten wissen, dass das, was sie tun, wichtig ist. Teilweise ist von ihnen abhängig, wie die versammelte Gemeinde den Gottesdienst erlebt. Deswegen sollen sie den Ministrantendienst mit Freude und Begeisterung ausüben. Die Rolle des Verantwortlichen für die Ministranten ist es, seine Aufgabe so zu erfüllen, dass die Kinder in dieser Freude und Begeisterung verharren können.[cclxxiii]
Der erste Schritt, diese Aufgabe zu erfüllen, ist das Lernen des Ausübens des liturgischen Dienstes. Kinder, die ministrieren wollen, müssen in den Dienst ordentlich eingeführt werden. Das ist notwendig, "damit sie dem Stellenwert der Liturgie entsprechend ehrfürchtig mitfeiernd, bewusst handeln können".[cclxxiv] Deshalb sollen sie die Feier der heiligen Messe und auch die Feiern der anderen Sakramente und Sakramentalien kennen lernen. Der Aufbau der liturgischen Feiern und die Bedeutung einzelner Teile werden den Kindern helfen, den geistlichen Sinn der Liturgie zu entdecken und zu verstehen. Sie sollen wissen, was für liturgische Geräte und Bücher für die Feier der Sakramente notwendig sind und wie sie heißen. Zukünftige Ministranten sollen auch erkennen, was es für liturgische Kleidungen gibt. Und warum sie bestimmte Farben und Formen haben. Es hat auch eine Bedeutung, den Kindern zu erklären, wie ein liturgischer Raum, in dem sie ministrieren werden, gebaut und eingerichtet ist. Das alles zu wissen ist für Kinder eine große Hilfe. Auch wenn sie schon öfters an der Feier der heiligen Messe teilgenommen haben, können sie jetzt durch diese zusätzlichen Informationen, die liturgischen Handlungen besser verstehen und Erleben, weil sie die symbolische Sprache der Liturgie und des liturgischen Raumes verstehen können.
Dabei soll ihnen erklärt werden, dass der Menschliche Körper auch eine eigene Sprache hat, wodurch ohne gesprochene Worte verstanden wird, was ein Mensch sagen will. Diese Sprache äußert sich in Gesten, Gebärden, und Haltungen. Deswegen sollen Kinder darauf achten, wie sie währen der Liturgischen Feier ihre Hände halten, wie sie knien, gehen, stehen und sitzen. Ihre Körperhaltung kann ein Zeichen dafür sind, dass sie ihren Dienst verstehen und bewusst bei der Feier dabei sind.
Für das Ausüben des liturgischen Dienstes ist die Kenntnis der Feier des Kirchenjahres von Bedeutung. In seinem Verlauf wird das ganze Mysterium Christi entfaltet. Im Kreislauf dieses Jahres werden auch die Mutter Gottes, die Märtyrer und die anderen Heiligen verehrt.[cclxxv]
Die Feier des Mysteriums Christi und der Gedächtnistage der Heilige bieten den Kindern eine besondere Chance ihren Glauben zu vertiefen, die Heiligen als Beispiele für gelungene Lebensentwürfe und die Geschichte der Kirche kennenzulernen.

Es ist wirklich erstaunlich, was man im Laufe eines Liturgischen Jahres alles lernen kann, wenn man bewusst an den liturgischen Feiern des Kirchenjahres teilnimmt. Deswegen sollten Ministranten nicht nur an Sonntagen in der Liturgie eingesetzt werden, sondern auch bei Werktagsmessen und anderen liturgischen Feier und Andachtsformen, insbesondere Andachten, die dem Liturgischen Jahr entsprechen besonders geprägt sind oder Teile des Stundengebetes z. B. die Feier einer Vesper. Dieses Wissen ist notwendig, damit Ministranten ihre Aufgaben richtig und bewusst ausüben können.[cclxxvi]

Alles, was oben erwähnt wurde, ist nur ein Teil dessen, was unter einem intensiveren Verständnis der Liturgie zu verstehen ist.
Die Liturgie bedeutet nicht nur das Tun, sondern auch das Erleben und Mitfeiern. Deswegen soll sie erstens so vorbereitet werden, dass die Kinder den Gottesdienst als ‚Dialog' erleben können (dialogische Dimension der Liturgie).[cclxxvii]
Das bedeutet, dass der Gottesdienst als „das Handeln Gottes an Menschen und als Antwort des Menschen erfahren und verstanden (wird)".[cclxxviii] Gott wendet sich durch Christus in der Verkündigung des Evangeliums und in den liturgischen Handlungen den Menschen zu. Sie antworten Gott im Lob-, Dank- und Bittgebet durch Christus im Heiligen Geist. Die Feiernden treten auch als Schwestern und Brüder in Christus miteinander in Beziehung, die sich u.a. „in Haltung und Gebärde und im Gesang"[cclxxix] ereignet und sich ausdrückt.
Zweitens soll der Gottesdienst als "ein befreiendes Geschehen" erlebt werden (soterliologische Dimension).[cclxxx] Während des Gottesdienste der als ‚Feier des Pascha-Mysteriums' verstanden wird, wird im befreienden Geschehen der ganze Mensch mit seinem ganzen Leben erfasst. Das bedeutet, dass „wenn die Gläubigen recht bereitet sind, wird ihnen nahezu jedes Ereignis ihres Lebens geheiligt durch die göttliche Gnade, die ausströmt vom Pascha-Mysteriums des Leidens, des Todes und der Auferstehung Christi, aus dem alle Sakramente und Sakramentalien ihre Kraft ableiten."[cclxxxi]
Drittens soll deutlich werden, dass Gottesdienst „Feier in Gemeinschaft" ist (ekklesiale Dimension).[cclxxxii] Solches Erleben des Gottesdienstes hilft, nicht zu vergessen, dass Liturgie und Diakonie miteinander Verbunden sind. Es bedeutet, dass liturgische Gemeinschaft wahrhaftig ist, wenn die, die dieser Gemeinschaft angehören, treu dem Gesetz der Nächstenliebe leben.[cclxxxiii]
Viertens ist Gottesdienst „Raum gemeinsamer und persönlicher Gottesbegegnung" (spirituelle Dimension).[cclxxxiv] Das Erleben der Liturgie ist für das spirituelle Leben der Mitfeiernden sehr wichtig. Es soll das Leben bereichern und zu einer persönlichen Beziehung mit Christus hinführen. Obwohl jeder Christ zum Gebet in Gemeinschaft berufen ist, „(...) muss er auch in sein Kämmerlein gehen und den Vater im Verborgenen anbeten, ja ohne Unterlass beten (...)".[cclxxxv]
Die Hinführung zu einem intensiveren Verständnis der Liturgie schließt das Ausüben des liturgischen Dienstes und das Erleben der Liturgie in diesen vier Dimensionen ein und soll auch für die Kinder eine Chance zur Erziehung und weiteren Entwicklung des Eifers im liturgischen Dienst sein. In der Praxis bedeutet dies, dass Kinder in ihrer Dialog- und Gemeinschaftsfähigkeit, in ihrer Spiritualität wachsen lernen.

3.3.2. „Einen Namen zu haben"

Damit ist gemeint, dass Menschen wünschen, einmalig zu sein und als solche einmalige Person erkannt und anerkannt zu werden.[cclxxxvi] Das erwarten sowohl Erwachsene als auch Kinder, weil Lob, Anerkennung, Ermutigung und Zutrauen ihre Entwicklung fördert, ihr Selbstwertgefühl wachsen lässt und ihre Identität stärkt.[cclxxxvii] Alle Menschen, die Kleinen und die Großen, haben „Recht auf Individualität, auf Freiheit der Entscheidung, auf Freiheit in der Beziehung, auf eigene Wünsche und Bedürfnisse, auf Anerkennung und Zuwendung, auf Gestaltung der Umwelt, auf Mitbestimmung usw."[cclxxxviii] ‚Einen Namen zu haben' bedeutet, ein Kind einen jungen Menschen, die Persönlichkeiten sind und eigene Fähigkeiten haben, ernstzunehmen. Es heißt nicht, Kinder und Jugendliche als solche nur zu akzeptieren, sondern ihnen Ihre Fähigkeiten entdecken und weiterentwickeln zu helfen.

3.3.2.1. Die Begleitung bei der Suche nach einer persönlichen Christusbeziehung

Das Direktorium für Messen mit Kindern verlangt, dass die liturgische und eucharistische Unterweisung nicht von der gesamten menschlichen und christlichen Erziehung getrennt werden darf. „Ohne eine solche Grundlage könnte eine liturgische Unterweisung sogar schaden."[cclxxxix] Begleitung bei der Suche nach einer persönlichen Christusbeziehung ist also keine zusätzliche Aufgabe, sondern ein wichtiger Teil der Arbeit mit Ministranten. Kinder sollen erfahren, dass sie Kinder Gottes sind, welche die Möglichkeit haben, sich durch den Ministrantendienst „den Zugang zu einem Leben in der Nachfolge Christi zu eröffnen".[ccxc]
Es wird angenommen, dass Kinder aus den Ministrantengruppen schon eine Glaubenserfahrung haben und wissen, worum es geht. Viele Kinder haben in ihren Familien eine religiöse Erziehung und ein Zeugnis des Lebens aus dem Glauben bekommen. Doch gibt es auch Kinder, für die eine religiöse Erfahrung selten oder fremd ist. Das geschieht, weil für manche Eltern die religiöse Erziehung der Kinder nicht mehr besonders wichtig ist.[ccxci] Trotzdem kommen sie zur Ministrantengruppe. Wie die Praxis auch zeigt, wird die Motivation, Gott zu dienen, nicht immer als erste Motivation von Kindern erwähnt.[ccxcii]
Obwohl die Kinder, die ministrieren wollen, Altersgenossen sind, sind sie doch auf verschiedenen Ebenen der spirituellen Entwicklung. Es geht also darum, dass jedes Kind und jeder Jugendliche in der Ministrantengruppe seine eigene Spiritualität entdecken, erfahren und vertiefen kann. Diese Spiritualität soll als geistliches Leben verstanden werden, in dem es um „die fruchtbare Verbindung von Glauben und Leben, von Glauben und Persönlichkeit"[ccxciii] geht. Ein solches Leben ist nicht statisch. „Leben aus dem Geist Gottes ist ein (innerer) Weg - also in einzelnen Schritten, mit Fortschritten und Rückschritten, Umwegen und Sackgassen. ‚Meine Spiritualität' ist durchaus so etwas wie ein innerer Schatz, der aber mit den ‚Kursschwankungen' meines Lebens- und Glaubensweges und meiner Persönlichkeitsentwicklung zu- oder auch abnehmen und ganz unterschiedlich gefüllt sein kann. Die persönliche Spiritualität ist abhängig von der ‚Nahrung', die sie bekommt - einerseits durch Gottesbezug, Gebet usw., andererseits aber auch durch die Lebens-Erfahrungen."[ccxciv]
Für die Entwicklung dieser Spiritualität soll die ‚Idee der Gotteskindschaft' eine Hauptrolle spielen, weil man von daher zu den anderen religiösen Wahrheiten und Aufgaben des christlichen Lebens kommen kann. Die Idee der Gotteskindschaft beinhaltet einerseits, dass der Mensch Gott ‚Vater' nennen kann. Andererseits weiß der Mensch, der sich als Gotteskind erlebt, dass er von Gott seinem Vater gewollt und geliebt ist, aber kein Kind des Zufalls und der Notwendigkeit, sondern ein Kind des Willens Gottes und der Freiheit.[ccxcv]
Die Wahrheit über die Gotteskindschaft kann Kinder dazu führen, Gott als Vater zu erleben, der alle Menschen liebt und für sie sorgt, damit jeder Mensch Vollkommenheit, als Ziel seines Lebens erreichen kann. Die Wahrheit über die Gotteskindschaft zeigt den Kindern, dass durch die Vereinigung mit Jesus Christus alle Menschen Kinder Gottes sind. Gott hat die menschliche Natur angenommen, damit der Mensch an der göttlichen Natur teilhaben kann. Dadurch wird auch die Bedeutung des Heiligen Geistes verstanden, der den Menschen zu Gott ‚Vater', ‚Abba', sagen hilft. Im Licht der Wahrheit der Gotteskindschaft können Kinder auch die Mutter Gottes als Mutter aller Menschen erleben. Da sie Mutter Jesu Christi war, ist sie Mutter aller Menschen, die mit Christus verbunden sind. In Christus sind die Menschen Kinder Gottes und Kinder Marias.
Das Erleben der Wahrheit der Gotteskindschaft hat nicht nur die vertikale Richtung zum dreifaltigen Gott und der Mutter Gottes, sondern auch eine horizontale Richtung, die zur Erfahrung der Kirche als große Familie der Kinder Gottes führt, in der alles, gemäß dem Gesetz der Nächstenliebe, füreinander verantwortlich sind. Gotteskindschaft als Hauptidee in der Bildung der Ministranten lässt auch Kinder, neben den religiösen Wahrheiten und Aufgaben des christlichen Leben, die Würde des Gotteskindes bewusst erleben, an der sie seit ihrer Taufe besonders teilhaben. Das ist auch Ziel der religiösen und liturgischen Bildung der Ministranten, ihnen bewusst zu machen, dass sie Kinder Gottes sind, die Gott liebt. Das bedeutet für Kinder ‚einen Namen zu haben', also von Gott anerkannt und geliebt zu werden.

Damit Kinder das Ziel, Gotteskindschaft bewusst zu erleben, erreichen können, ist eine spirituelle Begleitung seitens des Verantwortlichen für die Ministrantengruppe notwendig. Die Aufgabe einer solchen Begleitung ist, die Spiritualität der Kinder aufzugreifen und weiterzuführen.[ccxcvi]
Das bedeutet erstens, dass Kinder, die beim Altar dienen und in eine Ministrantengruppe kommen, weil es nur Spaß macht, zum Verständnis ihres Diensts als Ausdruck ihrer Gläubigkeit geführt werden.
Zweitens soll das Verstehen dessen, wer Ministranten sind und was Ministranten tun, gedeutet und spirituell vertieft werden. Das ist notwendig, damit Kinder wissen, dass sie Gott beim Altar und in den anderen Menschen zu dienen berufen sind.
Drittens soll eine solche Begleitung altersgemäß geführt werden, damit die Ministranten „von einem Kinderglauben hin zu einer reiferen Gläubigkeit und (deren) Lebens- und Ausdrucksformen"[ccxcvii] wachsen.
Um diese Aufgaben zu erfüllen, hat die spirituelle Bildung der Kinder bestimmte Inhalte[ccxcviii] zu diesen gehört, Kindern bewusst zu machen, dass Gott durch sie und in ihnen wirkt. Als Ministranten sind sie von Gott berufen, damit sie ihm nicht nur während der Liturgie, sondern auch in ihrem alltäglichen Leben dienen. Dabei können die Kinder entdecken, dass Gott die Menschen Aufgaben erfüllen lässt und ihnen dabei hilft durch die Gaben, die er schenkt. Ein Mensch ist also ein von Gott Beschenkter und Begnadeter.[ccxcix] Diese Wahrheit verstehen hilft den Kindern, ihre Beziehung zu Gott und ihr christliches Selbstbewusstsein zu stärken.
Nicht ohne Bedeutung für die spirituelle Entwicklung der Kinder und Jugendlichen ist es, den liturgischen Dienst im mystagogischen Licht zu zeigen. Das bedeutet, die Anwesenheit Jesu Christi in ihrem ausgeübten Dienst und seinen Umfeld zu entdecken. Das ist möglich, wenn die Ministranten ihren Dienst richtig verstehen lernen. Es geht nicht nur darum, dass die technische Seite ihrer Dienste gut kennen, obwohl dies auch wichtig ist. Vor allem geht es darum, dass die Ministranten die symbolische Sprache der Liturgie verstehen. Dadurch können sie ihren Dienst, die Gemeinde, die Ministrantengruppe als „Räume des ‚Gottesvorkommens' und der Gotteserfahrung"[ccc] erleben, weil sie verstehen werden, dass die Liturgie ein Dialog zwischen dem wahren Gott und dem Menschen ist.[ccci]
In ihrer spirituellen Bildung darf auch das Gebet nicht fehlen. Ralph Sauer betont: „wer nicht gelernt hat, betend vor Gott zu treten, der kann auch nicht in der Gemeinschaft der Glaubenden einstimmen in das gemeinsame Gotteslob."[cccii] Kinder sollen auch die Gelegenheit haben, während der Ministrantenstunde zu beten. Das Gebet als „sprechender Glaube" kann in verschiedener Form praktiziert werden.[ccciii] Der reiche Schatz der christlichen Frömmigkeitsformen soll verständlich verwendet werden.[ccciv] Wichtig ist, dass die Ministrantengruppe für Kinder und Jugendliche zu einer Gebetsschule wird, in der sie die Anwesenheit Gottes während des Gebetes erfahren. Bedeutsam für die Spiritualität der Ministranten ist auch ihr sakramentales Leben. Deswegen sollen sie auch regelmäßig das Sakrament der Versöhnung empfangen,[cccv] das „eine wirkliche ‚geistige Auferstehung' (bewirkt), eine Wiedereinsetzung in die Würde und in die Güter des Lebens der Kinder Gottes, deren kostbarstes die Freundschaft mit Gott ist."[cccvi]
Für die spirituelle Bildung der Ministranten spielt auch die Beschäftigung mit der Bibel eine wichtige Rolle. Das Wort Gottes ist ein wesentlicher Bestandteil jeder liturgischen Feier.[cccvii]
Deswegen sind die Ministranten dazu aufgefordert, die Bibel besonders gut zu kennen.[cccviii]
Es geht nicht um eine biblische Exegese, sondern „die Bibel in Beziehung zu ihrem Leben setzen."[cccix] Durch Gebet und Beschäftigung mit der Bibel werden Kinder zur ‚Gottverwurzelung' geführt. Diese ist notwendig, damit die Kinder entdecken können, dass an Gott zu glauben, auch sein Zeuge zusein, bedeutet und gemäß dem Gebot der Nächstenliebe, den anderen Menschen zu dienen. Damit können sie „einen Beitrag zur Evangelisierung" leisten, der sich besonders durch ihr Leben äußern soll.[cccx] Die Gottesverwurzelung ist auch notwendig, damit die Ministranten richtig verstehen können, was „sentire cum ecclesia" bedeutet.[cccxi] Die Ministranten, die Mitglieder der Kirche sind, sollen sich mit dem Auftrag der Kirche so identifizieren, damit sie „Zeichen und Werkzeug der Liebe Gottes" in der konkreten Welt sein können.[cccxii] Natürlich ist das „Mit-Fühlen mit der Kirche, Sich-Einspüren-in-Kirche" ein Zeichen des gereiften Glaubens.[cccxiii]Wie aber die Geschichte der Kirche zeigt, ist der gereifte Glaube nicht von einem besonderen Alter abhängig.

Deswegen sollen die Kinder, besonders die Jugendlichen, ihren Dienst als einen solchen erleben und ausüben, der ein Zeichen ihres Glaubens und ihrer Identifizierung mit der Kirche ist.
Neben der Idee der Gotteskindschaft, den Aufgaben und Inhalten der spirituellen Begleitung gibt es noch etwas, was für die Entwicklung der Spiritualität jedes Kindes besonders wichtig ist. Das ist die Person, die Verantwortung für die ganze Entwicklung der jungen Menschen übernimmt.

3.3.2.2. Der Leiter der Ministrantenarbeit - der „Erzieher" der Ministranten

Der Glaube ist nicht wie ein Gegenstand, den ein Mensch ‚fix und fertig' haben kann. Glauben ist ein Prozess, während dessen der Glaube und der Mensch verändert werden.[cccxiv]
„Glauben ist so ein Weg mit Höhen und Tiefen, durch ganz verschiedene Lebenslandschaften hindurch. Manchmal ist die Richtung des Weges deutlich, manchmal weiß man nicht, wie es weiter geht."[cccxv] Deswegen soll der junge Mensch diesen Weg nicht alleine gehen. Er braucht jemanden, der ihm hilft und der ihn begleitet.
Verantwortlich für die spirituelle Bildung junger Menschen zu sein, bedeutet also, sich mit ihnen auf den Glaubensweg zumachen.[cccxvi] Das heißt, das Ziel der Wanderung, die Gotteskindschaft, bewusst zu erleben, nach dem Ideal der Menschlichkeit zu streben und es gemeinsam zu erreichen. Während des Weges hat der, der die Verantwortung trägt, eine wichtige Rolle. Sie besteht darin, dass er das Ziel, die richtige Richtung zeigt, mit seiner eigenen Erfahrung und den Erfahrungen anderer Menschen zu weiterem Weg ermutigt. Obwohl er schon große Erfahrungen hat, und deswegen die Anderen führt, hört er aber das, was sie zu sagen haben und trifft mit ihnen gemeinsame Entscheidungen.
Ein Erzieher ist also ein Mensch, dessen Aufgabe es ist, im jungen Menschen den Drang zur Wahrheit, zum Guten und zur Schönheit zu wecken; den jungen Menschen zu begleiten; ihn vor Gefahren zu warnen und ihm Mut zu machen. Der Erzieher soll also Begleiter, Freund und Führer des jungen Menschen sein. „Katechese ist zuerst ein interpersonales Geschehen."[cccxvii] Was die deutschen Bischöfe für die Katechese formulieren, gilt genauso für die Ministrantenpastoral. Der Leiter und Erzieher der Ministranten soll durch seine Person für jungen Menschen, die er führen und anleiten soll, ein Freund und ein Begleiter sein.

Der heilige Johannes Bosco meint, dass die ernsthafte Erziehung des jungen Menschen ohne den führenden und lenkenden Erzieher unvorstellbar ist.[cccxviii] Der Erzieher kann in der Entwicklung der Kinder und Jugendlichen die Ursache der Weiterentwicklung und das Vorbild sein, wenn er bestimmte Merkmale hat. Zu diesen gehören erzieherische Liebe, Autorität, pädagogischer Takt und Religiosität.[cccxix]
Erzieherische Liebe äußert sich im Wohlwollen, also durch die Wertschätzung und die Anerkennung des Wertes anderer Menschen als Person. Ein Erzieher, der diese Fähigkeit hat, unterstützt die Entwicklung des Kindes durch Anerkennung seiner Verschiedenheit und seinen tiefen Notwendigkeiten. Ein Zeichen der erzieherischen Liebe ist auch die Gegenseitigkeit, die sich in Freundschaft und durch Hilfe bei wichtigen Entscheidungen äußert.
Der heilige Johannes Bosco sagt, dass Kinder nur zu sehen und zu kennen, nicht genügt. Er betont, dass die Kinder nicht nur geliebt werden sollen, sondern auch spüren müssen, dass sie geliebt werden. Das ist wichtig, damit sie, wenn sie sich in dem geliebt fühlen, was ihnen Freude macht und sehen, dass man an ihren Neigungen teilnimmt, lernen, die Liebe auch in dem zu entdecken, was ihnen von Natur aus weniger gefällt, wie z.B. Lernen und Ausüben verschiedener Pflichten.[cccxx]
Der Erzieher wird eine Autorität sein, wenn er neben der erzieherischen Liebe auch Qualifikationen hat.[cccxxi] Es geht nicht nur darum, was ein Erzieher notwendig im Rahmen der Psychologie und Pädagogik wissen soll, sondern um goldene Hände und die beständige Bereitschaft zur Arbeit. In dem, was er tut, was seine eigene Spezialität ist, muss er ein Fachmann sein. Dann wird der Erzieher vom Kind als Wohltäter anerkannt, der es ermahnt, zum Guten führt, vor Unannehmlichkeiten, Gefahr und Misserfolg bewahrt. Ohne das Vertrauen der Kinder und ohne eine Autorität zu sein, kann er die erzieherische Arbeit nicht leisten.

Pädagogischer Takt ist eine Fähigkeit, mit deren Hilfe die erzieherische Liebe[cccxxii] sich in die richtige Tat in der richtigen Zeit umsetzt. Dazu gehören Zurückhaltung und Vorsicht beim Sprechen über Dinge, Ereignisse und Menschen und die persönliche Kultur des Erziehers.
Sie lässt ihn einen Menschen mit großem Verständnis und weitem Herzen sein, der im Dialog einen anderen Menschen kennenlernen, seine Gedanken verstehen will. Er soll unvoreingenommen sein.
Das ganze pädagogische Tun des heiligen Johannes Bosco hat nur ein Ziel, er wollte Kinder heilig machen.[cccxxiii] Er verwirft alle Gedanken, die dem Glauben, der Religiosität in der Erziehung nur einen Randplatz geben. Für ihn ist der Glaube das Wesen seines pädagogischen Systems. Johannes Bosco will, dass der Glaube nicht nur zur geistigen Entwicklung der Kinder beiträgt, sonder auch das ganze pädagogische Handeln der Erzieher begleitet.
Der heilige Johannes Bosco definiert einen Erzieher als Person, der sich ganz dem Wohl seiner Educanden als Bezugsperson widmet.[cccxxiv] Das bedeutet, dass die erzieherische Tätigkeit sich nur dann entwickeln kann, wenn es einen festen Kontakt, viel Liebe und Hingabe zwischen dem Erzieher und dem Kind bzw. Jugendlichen gibt. Die Liebe ist notwendig, um eine herzliche Atmosphäre zu schaffen, die Vertrautheit als Fundament hat. Das ermöglicht dem Erzieher, jeden seiner Schüler kennenzulernen und für das Wohl der Schüler zu sorgen. Die Hingabe seitens des Erziehers hat große Bedeutung. Sie wirkt den Unaufmerksamkeiten der Kinder entgegen und dann muss der Erzieher keine Strafe aussprechen. Es kann gesagt werden, dass vom Einsatz des Erziehers und seiner Art, von seiner Liebe und Hingabe die Wirksamkeit seiner Arbeit abhängig ist.[cccxxv]
Ein so verstandener Erzieher erkennt die Notwendigkeit der ständigen Schulungen im Rahmen seiner Arbeit. Er ist sich seines Wertes bewusst und versucht, sich neue Werte und eine Fertigkeit im Knüpfen menschlicher Kontakte anzueignen. Den gemeinschaftlichen Sinn und eine väterliche oder mütterliche Haltung zu haben, die zu einem Familiären Zutrauen führt, ist das Ziel seiner inneren Arbeit.[cccxxvi]

Der Leiter der Ministrantenarbeit in einer Gemeinde ist auch zugleich der „Erzieher" von diesen Ministranten. Dabei gilt der pädagogische Grundsatz: *Man kann nicht 'nichterziehen'.* Egal wie man mit Kindern und Jugendlichen umgeht, es hat immer Auswirkungen auf ihre weitere Entwicklung. Deswegen ist es wichtig in der Ministrantenarbeit pädagogisch geschulte Menschen einzusetzen.
Eine Ministrantengruppe zu leiten, ist die Aufgabe und Pflicht des Pfarrers. Das geht aus seiner ureigenen priesterlichen Pflicht heraus, für eine würdige Feier der Liturgie zu sorgen.[cccxxvii] Deswegen soll sich der Pfarrer um eine gute Zusammenarbeit mit den Ministranten bemühen. Das bedeutet, dass er ein wachsames, kluges und weites Herz haben muss. Das ermöglicht, Geduld und große Liebe zur Sache, in dem Fall zur Feier der Liturgie, und zu den einzelnen Personen zu haben. Bei Johannes Bosco ist der Priester ein besonders geeigneter Erzieher.[cccxxviii] Wenn es nötig ist, aufgrund der Größe der Gemeinde bzw. der Seelsorgeeinheit, dass der Pfarrer die Ministrantenarbeit zu einem Teil an andere Personen übertragen muss, soll der Pfarrer darauf achten, dass er für die Leitung und Betreuung der Ministranten an qualifizierte und talentierte Mitarbeiter überträgt. Jugendliche Gruppenleiter sind, wenn sie mit dieser Aufgabe alleingelassen sind, oft überfordert. Es ist möglich Jugendliche in die Betreuung der Ministranten mit einzubeziehen. Die Hauptverantwortung sollte allerdings bei einer pädagogisch, liturgisch und pastoral geschulten, erwachsenen Person liegen.

3.3.3. „Wurzeln zu Schlagen"

Zulehner sagt damit, dass jeder Mensch Heimat braucht, einen Lebensraum, wo man sich zu Hause fühlen kann.[cccxxix] Kinder sind normalerweise in einer solchen Situation, dass sie schon ihr eigenes Zuhause haben (Eltern, Geschwister). Im Lauf der Zeit brauchen sie aber doch, wie Erwachsene, einen Lebensraum, in dem sie sich wie zu Hause fühlen können. Es geht nicht nur um eine Gruppe, in der sie spielen, sondern um eine solche Gruppe, die für sie eine Gemeinschaft ist und ihnen hilft, Gemeinschaft zu erleben.[cccxxx] „Kinder sind um der Gemeinschaft willen durchaus bereit, Konflikte auszutragen, Uneinigkeiten und Streit auszuhalten, Kompromisse einzugehen und Rücksicht aufeinander zu nehmen."[cccxxxi] Eine Gruppe, die als Gemeinschaft erlebt wird, ist Kindern und jedem Menschen einiges wert.[cccxxxii]

3.3.3.1. Die ganzheitliche Begleitung junger Menschen

"Jede verantwortungsbewusste Erziehung durch einen um den Glauben bemühten und aus dem Glauben lebendem Menschen ist auch religiöse Erziehung. ‚Die Gnade baut auf der Natur auf': Viele menschliche Haltungen wie Gemeinschaftssinn, Dankbarkeit, Frohsinn, Staunen können sind bereits religiös. (...) Seelsorge ist immer Heilsdienst am ganzen Menschen, am Menschen mit Leib und Seele."[cccxxxiii]
Auch wenn die ganzheitliche Begleitung als bestimmte Aufgabe erwähnt wird, bildet sie bei der Aufgabe der Begleitung bei der Suche nach einer persönlichen Christusbeziehung ein Ganzes. Das oben erwähnte Ziel zeigt, dass eine religiöse Erziehung ohne die ganzheitliche Begleitung eines jungen Menschen unmöglich ist. Das ist, als wollte man einen Hausbau beim Dach beginnen.[cccxxxiv]
Für Ministrantenpastoral bedeutet das, ein hilfreicher Dienst der Kirche am jungen Menschen zu sein, also ihn in seiner Lebenswirklichkeit ernst zu nehmen und den Fragen Raum zu geben, die sich dem jungen Menschen stellen.[cccxxxv]
Junge Menschen ernst zu nehmen, bedeutet ihn zu verstehen. Hans Hobelsberger schreibt von drei Bereichen die das ermöglichen. Das sind Freizeit, Werte und Glaube/Kirche.[cccxxxvi]
Zu den Freizeitaktivitäten der Jugendlichen gehören Musik, Sport und Zusammensein mit Freunden. Musik ist so wichtig, weil sie für die Jugendlichen wie eine eigene Subkultur ist, in der sie sich selbst finden. Sie ermöglicht Protest und Abgrenzung auszudrücken, definiert und vermittelt Zugehörigkeit zu Gruppen, bietet Identifikationsobjekte, Traumfrauen und Traummänner auf der Suche nach einem eigenen Lebenskonzept.[cccxxxvii] Sport hat auch eine große Bedeutung. Neben der Erfahrung der körperlichen Fähigkeiten und dem Lustgewinn, die das Gefühl vermittelt, etwas Sinnvolles zu tun, spielen Sportvereine eine Rolle. Das können Orte sein, wo Jugendliche sich durch die Akzeptanz der Mitgliedschaft als gleichberechtigte Partner fühlen und wichtige Identifikationspersonen für ihren eigenen Lebensentwurf finden können.[cccxxxviii] Das ‚Zusammensein' hat mit der ‚Identitätsfindung' zu tun. Für die Humanwissenschaften bedeutet das: „Jugendliche, die durch den Anspruch, nicht Kind zu bleiben, herausgefordert werden, sich in ihren Beziehungen und in ihrer Umwelt neu zu definieren, brauchen Partner, von denen sie als vollwertige Partner akzeptiert werden, um in authentischen Interaktionen ihren neuen Platz festzulegen, auszuprobieren und in der bisherigen Umgebung durchzusetzen."[cccxxxix] Die drei Freizeitaktivitäten Musik, Sport und Zusammensein mit Freunden zeigen die grundlegenden Bedürfnisse der jungen Menschen. Sie interessiert das, worin sie selbst und ihre Themen vorkommen; sie erleben Gefühl, Verstand und Körper noch weitgehend als Ganzes; sie brauchen gleichrangige Beziehungen, Abgrenzung und neben den Eltern auch andere Identifikationspersonen.[cccxl]
Die Wertorientierung Jugendlicher besteht in materiellen und postmateriellen Werten.[cccxli] Sie zeigen zuerst die nichtmateriellen Werte (z.B. Freundschaft, Liebe, Vertrauen), dann sprechen sie von materiellen Werten (z.B. sicherer Arbeitsplatz, finanzielle Sicherheit), schließlich erwähnen sie soziale Werte (z.B. Einsatz für Andere).

Eine solche Reihenfolge bestätigt die Werteharmonie. Obwohl diese Wertehierarchie auch für andere Menschen gilt, gibt es ein Merkmal des Jugendalters, das Jugendliche bei ihrer oft stürmischen Suche nach Werten verstehen hilft. Im Gegensatz zu den Erwachsenen müssen Jugendliche nicht nur Werte, sondern auch den Orientierungsrahmen für ihre Wertewelt suchen. Der bisherige passt nicht mehr. Einen neuen Rahmen müssen sie auf einem Jahrmarkt finden, auf dem es unzählige scheinbar gleich-wertige Stücke gibt. Für manche ist diese Aufgabe zu schwer. Deswegen suchen sie Entlastung, die manchmal zu Kriminalität führen kann.[cccxlii] „Jugendliche verstehen heißt hier im wesentlichen, eine Suche mit Verirrungen, Rückschritten und Fehlgriffen in unbedingter Wertschätzung zuzulassen, ja sogar anzuregen, also den Gang durch den Jahrmarkt zu begleiten und sich nicht in die Reihe der Marktschreier zu stellen."[cccxliii]

Glaube und Kirche ist der dritte Bereich, in dem Jugendliche zu verstehen wichtig ist. Auch wenn die Haltung der Jugendlichen oft zeigt, dass sie größere Interessen an einem mehr sozialkreativ orientierten Glaubensvollzug als an einem mehr an traditionelle Formen ausgerichteten haben, muss das nicht so verstanden werden, als ob für sie Glaube und Kirche keine Bedeutung haben. Das bedeutet, dass „die eher postmaterielle Orientierung auch in punkto Glauben nicht Halt gemacht hat. (...) (und) die ‚alten' Glaubensvollzüge nicht einfach ‚out' sind".[cccxliv] Jugendliche sind in einer neuen Lebenssituation und brauchen auch Zeit, und ein neues Verhältnis zu Glaube und Kirche zu finden. „Jugendliche zu verstehen heißt hier, in ihren notwendigen Distanzierungs- und Ablösebewegungen nicht Gottlosigkeit, sondern Gottsuche zu sehen, für ‚umstürzlerische' Fragen zur Verfügung zu stehen und durch eigene Lebenspraxis Glauben zu bezeugen."[cccxlv]

Außer Verständnis für junge Menschen zu haben, ist es wichtig, einen Raum zu schaffen, in dem er Geborgenheit und Angenommensein erleben kann. Da die Jugendlichen, also auch Ministranten, die Kinder ihrer Zeit und ihrer Welt sind, brauchen sie einen solchen Raum, damit ihre Alltagswelt mit der Glaubenserfahrung verbunden sein kann.[cccxlvi]

Sie brauchen ihn, um Fragen aussprechen zu können, die sich ihnen stellen und um echte Antworten zu bekommen. Fragen, die Kinder und Jugendliche haben, sind oft keine einfachen Fragen, sondern existentieller Natur. Das bedeutet, dass sie für die Zukunft der Kinder und Jugendlichen eine entscheidende Rolle spielen.[cccxlvii] Davon, welche Antwort sie bekommen, welche Erfahrungen sie sammeln, hängt ihr zukünftiges Leben ab. „Sie brauchen eine echte Hilfe, um sich zu orientieren, müssen, um der eigenen Selbsterhaltung willen aber auch kritisieren. Sie machen Fehler, aber sie werden aus ihren Fehlern auch noch klug. Sie sind in ihren Entscheidungen nicht festgelegt, denn sie müssen die richtigen Entscheidungen erst noch finden. Sie haben etwas zu sagen. Aber sie werden nicht gehört. Ihr Einfluss ist gering, denn sie herrschen nicht, sondern müssen ihre Zukunft erst noch erobern."[cccxlviii]

Für die Praxis bedeutet das, dass Ministrantenpastoral, die jungen Menschen verstehen, ihnen echte Antworten zu geben und gute Erfahrungen helfen muss. Sie muss gruppenorientiert sein muss, mit dem Ziel: „(...) Christus zu entdecken, ihm zu folgen und ihn innerhalb der Gemeinschaften zu verkünden; ihre Berufung zum Laien, zum gottgeweihten Leben, zum Priestertum zu klären und sich zu entscheiden; sich auf die ganzheitliche Befreiung des Menschen und der Gesellschaft einzulassen, um dieser geschichtlichen Verpflichtung gerecht zu werden und ein Leben in Gemeinschaft und Mitbeteiligung zu führen."[cccxlix]

Das hat nicht nur einen organisatorischen Sinn. Vor allem sollen Ministrantengruppen Orte sein, die die jungen Menschen sich so sehr aneignen, dass sie Wurzeln schlagen können,[cccl] also ihre zweite (oder sogar ihre erste?) Heimat finden.

3.3.3.2. Die Ministrantengruppe

Kinder u. Jugendliche, die den liturgischen Dienst ausüben, bilden eine Gruppe. Nach Alfred Bellebaum ist für eine Gruppe kennzeichnend, dass sich ihre Mitglieder „durch mindestens ein gemeinsames Merkmal und regelmäßig etwas gemeinsames tun", „irgendwelche gemeinsamen Überzeugungen (sich) verpflichte fühlen" und durch „irgendein Gefühl der Zusammengehörigkeit ausgezeichnet" sind.[ccclі] Kinder und Jugendliche in einer Ministrantengruppe erleben eine solche Zusammengehörigkeit. Das geschieht dadurch, dass sie die liturgischen Dienste gemeinsam ausüben und sich der Gemeinde verpflichtet fühlen. In einer Gruppe zu sein, ist auch das Ziel vieler Kinder, die den Ministrantendienst ausüben wollen.[ccclii] Nicht nur das Bedürfnis der Kinder und Jugendlichen und der gemeinschaftliche liturgische Dienst sprechen für die Ministrantengruppe, sondern auch die heutige Erziehungsmethode legt höchsten Wert auf die ‚Gruppe'.
Obwohl jeder Mensch ein Individuum ist, steht er gleichzeitig in enger Wechselbeziehung und Abhängigkeit und ist ein Beziehungswesen.[cccliii] Leben in Gruppen gilt als eine menschliche Grunderfahrung.[cccliv] Für Kinder und Jugendliche ist das besonders wichtig, da sie in einer Entwicklungsphase leben, in der sie sich mit zahlreichen Unsicherheiten, Ängsten und einer Labilität ihres Selbstwertgefühls konfrontiert sehen.[ccclv]
Gruppen sind für sie Orte, wo sie, wie in einer Familie, ihre Sicherheit finden, ihren Wert erfahren und sich selbst bejahen können.[ccclvi] Eine Gruppe soll den jungen Menschen die Chance bieten, ihre Grundbedürfnisse nach Anerkennung, Zugehörigkeit und Sicherheit zu erfüllen[ccclvii] und auch das Erleben einer Gemeinschaft zu ermöglichen.[ccclviii] Diese Chance bietet eine gut organisierte Gruppe, die die folgenden Merkmale hat: unmittelbarer Kontakt der Gruppenmitglieder untereinander, gemeinsame Ziele und Werte, aufeinander bezogene Rollen, Funktionen und Positionen innerhalb der Gruppe, eine relative Dauer und Konstanz und eine begleitende und die Gruppenprozesse unterstützende Leitung.[ccclix] Eine solche Gruppe spielt für das soziale Lernen der Kinder und Jugendlichen eine wichtige Rolle. Sie lernen in einer Gruppe, sich durchzusetzen, Rücksicht zu nehmen. Sie lernen also zu verstehen, dass sie nicht immer im Mittelpunkt stehen können. Hier können sie Spiel- und Gesprächspartner finden und auch neue Rollen ausprobieren. Da es keine Gruppen ohne Regeln gibt, können junge Menschen in der Gruppe Regeln erstellen lernen, sich mit ihnen auseinandersetzen, sie einhalten und kreativ damit umgehen. In der Gruppe lernen sie auch, sich ihrer eigenen Meinung bewusst zu sein, sie zu vergleichen, zu ändern, zu festigen und zu korrigieren. Die Gruppe kann für Jugendliche ein wichtiger Ort sein, wo sie Konflikte lösen und Lösungsmöglichkeiten finden lernen.[ccclx] Die Gruppenfähigkeit der jungen Menschen ist wichtig für die Entwicklung ihrer Persönlichkeit.[ccclxi] „Es darf heute allgemein als Tatsache angenommen werden, dass die Gruppe Gleichaltriger an Bedeutung gewinnt als Ort sozialer Identitätsbildung. Das gilt für den Bereich der religiösen Sozialisation von Kindern und Jugendliche ebenso. Persönliche Beziehungen im Freundeskreis und in kleineren Gruppen werden in einer Gesellschaft, die immer anonymer, leistungs- und gewinnorientierter wird und wo somit soziale Kontakte schwieriger werden, zunehmend wichtiger."[ccclxii]
Da die Gruppe eine so große Bedeutung im Leben der Kinder und Jugendlichen hat, ist die moderne Ministrantenpastoral gruppenorientiert. „Es ist wichtig, dass Ministranten sich in Gruppen organisieren, um die Erfahrung von Gemeinschaft, von Glaubensgemeinschaft, machen zu können."[ccclxiii]
Eine gut organisierte Ministrantengruppe hat neben den schon den genannten Vorteilen auch die folgende: eine Einführung zum Ministrantendienst in der Gruppe macht das Erleben des Hineinwachsens in eine neue Aufgabe intensiver, weil das Beobachten anderer hinzukommt und ein Austausch von Erfahrungen möglich ist; durch den Dienst beim Altar kann in dieser Gruppe deutlich erfahren werden, dass Christsein bedeutet, den Glaubensweg in Gemeinschaft zu gehen. Weil die Ministrantengruppe durch ihre außerhalb des Gottesdienstes erlebte Gemeinschaft (Freizeitbereich) bereichert und sie vorbereitet. Junge Menschen können in dieser Gruppe lernen, was es bedeutet, verantwortlich für Kirche und Welt zu sein und dadurch in Zukunft mündige Christen zu sein, weil sie erfahren, dass ein Miteinander bereichert, aber auch Verantwortung bedeutet.

Wenn Jugendliche Probleme und Schwierigkeiten mit dem Glauben haben, können sie in der Ministrantengruppe Stütze und Hilfe durch ‚ein Beziehungsnetz' erhalten, das so tragend ist, dass der einzelne bei Problemen leichter durchhält. Eine solche Gruppe kann auch für Erwachsene, die für die Arbeit und Organisation dieser Gruppe Verantwortung tragen, eine Hilfe sein, weil Gemeinschaftserfahrung gemeinsamer Glaubensweg und Gegenseitige Hilfe für jede Altersgruppe wichtig ist. Die Ministrantengruppe ist ein Teil lebendiger Gemeinde und deswegen können Kinder und Jugendliche über ihre Aufgaben während des Gottesdienstes hinaus in der Gemeinde tätig werden und so zum Wohl aller auf vielfältige Weise beitragen.[ccclxiv]
In der Ministrantengruppe geht es also um Kinder und Jugendliche in ihren konkreten Lebenssituationen. In dieser Gruppe geht es auch um die Liturgie der Gemeinde, an der sie aktiv teilnimmt. Diese Verbindung zwischen Leben und Liturgie ist Ausgangspunkt und auch Ziel der erzieherischen Arbeit und aller Bemühungen. Die Ministrantengruppe soll ein Ort sein, wo diese Verbindung erfahren werden kann.[ccclxv]
Damit Kinder und Jugendliche in einer solchen Gruppe Wurzeln schlagen, also Heimat finden können, muss diese Gruppe nicht nur ein Ort sein, sondern auch einen Ort haben, wo sie sich treffen. Wenn es möglich ist, soll dieser ein eigener Raum sein, der nicht mit anderen Gruppen und nicht nur zu bestimmten Zeiten zugänglich gemacht wird. Dies kann auch ein Nebenraum der Sakristei (Messdienersakristei) sein. Wenn es nicht möglich ist, dass eine Ministrantengruppe einen eigenen Raum hat, dann werden ihre Mitglieder schwerlich Heimat finden können, denn Heimat wird nicht nur durch die Gruppenmitglieder und durch feste Gewohnheiten gebildet. Einen Raum selbst einzurichten, in ihm kleine Dinge mit Erinnerungswert zu haben, überhaupt einen anderen, aber eigenen Raum neben dem Elternhaus zu haben, bildet eine Umgebung, in deren Vertrautheit sich jeder wohl fühlen kann und beheimatet weiß. Sich dessen bewusst zu sein, einen Ort zu haben, weckt bei Kindern und Jugendlichen die gemeinschaftliche Selbständigkeit und Verantwortlichkeit für den Zustand des Raums, was sicher ein Vorteil bei der Erziehung der jungen Menschen ist.
In der Ministrantengruppe Wurzeln zu schlagen, Heimat zu finden ist ein Prozess, der nicht automatisch abläuft. Er hängt einerseits davon ab, wie diese Gruppe organisiert und geführt ist, andererseits davon, wie ein Mitglied sich für seine Gruppe einsetzt. Wenn ein Kind aber in dieser Gruppe wirklich Heimat findet, dann wird es nicht nur in der Gruppe, sondern auch in der Gemeinde und weiter in die Kirche integriert. Das kann auch der Anfang einer dauerhaften Arbeit in der Gemeinde bzw. der Kirche sein. Es ist auch wichtig, nicht zu vergessen, dass wer beheimatet ist, auch für andere Stütze und Heimat sein kann.

3.4. Zusammenarbeit mit den Eltern

Im Punkt 3.3.2.2. dieser Arbeit wurde beschrieben, wie wichtig in der Ministrantenpastoral der Erzieher ist und welche Rolle er in der Erziehung und in der liturgischen Bildung der Kinder hat. Es darf nicht vergessen werden, dass die Eltern, wie die Erklärung über die christliche Erziehung *Gravissimum educationis* des Zweiten Vatikanischen Konzils betont, die ersten Erzieher ihrer Kinder sind und die Familie die erste Schule der sozialen Tugenden ist.[ccclxvi] Die Eltern werden als solche nicht nur zeitlich erste Erzieher genannt, sondern vor allem wegen ihres Vorbildcharakters. Er hat einen so großen Einfluss auf das Leben der Kinder, dass das Wirken der Erzieher bei den Kindern nur das ergänzen kann, was aus verschiedenen Gründen fehlt.[ccclxvii] Die Verpflichtung der Eltern zur Kindeserziehung ist so wichtig, dass sie kaum ersetzt werden kann.[ccclxviii] Deshalb muss der Erzieher mit den Eltern zusammenarbeiten. Davon, wie die Zusammenarbeit zwischen allen Erziehern aussieht, hängt die Wirksamkeit der Erziehung ab. Der Erzieher darf eine solche Zusammenarbeit mit den Eltern nicht übersehen oder unterschätzen. Das Wohl der Kinder ist davon abhängig und verlangt es.
Auch mit den Eltern der Kinder, die zu den Ministrantengruppen gehören, ist eine solche Zusammenarbeit wichtig und sollte in jeder Gemeinde stattfinden. Sie ist notwendig, um eine gut organisierte und funktionierende Ministrantenarbeit zu leisten.

Für die erzieherische Seite ist es wichtig zu merken, dass durch den Kontakt mit den Eltern des Kindes der Erzieher, der für die Ministrantengruppe zuständig ist, wichtige Informationen bekommt, die für seine Arbeit hilfreich sein werden. Sein Kennenlernen eines Kindes während der Ministrantenstunde ist nicht ausreichend für eine verantwortungsvolle, erzieherische Arbeit. Durch den Kontakt mit den Eltern kann der Erzieher sehen, in welcher Atmosphäre das Kind außerhalb der Kirche lebt. Informationen über seine Familie, ihre Probleme, die Haltung der Eltern und anderes helfen, das Kind nicht nur besser zu verstehen, sondern auch bessere Entscheidungen im erzieherischen Prozess treffen zu können. Durch den Kontakt mit den Eltern kann der Erzieher nicht nur die Lebenssituationen des Kindes kennenlernen, sondern auch von ihnen Hilfe bekommen. Wenn die Eltern erfahren, wie die liturgische Erziehung in der Ministrantengruppe aussieht, werden sie auch darauf achten, dass es keine Unstimmigkeiten zwischen Eltern und dem Erzieher gibt. Uneinigkeiten zwischen den Erziehern und den Eltern können für die Kinder zu ihrem Nachteil sein. Von den Eltern kann der Erzieher auch wichtige materielle und organisatorische Hilfe bekommen, z.B. wichtig bei der Vorbereitung und während der Dauer eines Lagers oder eines Ausfluges ist.

Die Zusammenarbeit mit den Eltern bedeutet aber nicht, dass nur der Erzieher dadurch Hilfe erwarten soll. Ein anderes Dokument des Zweiten Vatikanischen Konzils, das Dekret über Dienst und Leben der Priester *Presbyterorum Ordinis* sagt, dass die Priester sich mit besonderem Eifer der Jugend annehmen sollen, „(...) ebenso der Eheleute und Eltern, die in Freundeskreisen zu versammeln wünschenswert ist, damit sie einander helfen, ihr oft schweres Leben leichter und vollkommener christlich zu meistern."[ccclxix] Unabhängig davon, ob ein Pfarrer die Ministrantengruppe selbst direkt leitet oder nicht, soll er dafür sorgen, dass der Kontakt mit den Eltern wirklich als eine pastorale Chance verstanden wird.

Die Zusammenarbeit mit den Eltern der Ministranten ist auch eine Stärkung der Familie als primärer Lernort des Glaubens.[ccclxx] Bei der Hinführung zu einem persönlichen Glauben und zu einer lebendigen Christusbeziehung ist das familiäre Umfeld sehr entscheidend. Eine harmonische Zusammenarbeit zwischen dem Leiter der Ministrantengruppe und der Familie der Ministranten kann daher auch für beide Seiten sehr hilfreich sein. Durch das Ministrieren ihres Kindes werden die Eltern noch intensiver mit der Liturgie der Kirche verbunden. Dies kann sich auch positiv auf ihr eigenes Leben in der Kirche auswirken.

Kinder stammen aus verschiedenen Familien. Nicht alle Eltern sind religiös bemüht. Aber auch die, für die religiöse Erziehung wichtig ist, erleben verschiedene Schwierigkeiten. Ein Kontakt mit den Eltern für die einen eine Chance sein, die Kirche neu zu entdecken. Für die anderen kann es eine Chance sein, sich in ihrem religiösen Leben weiterzuentwickeln.[ccclxxi]

„In der Gemeinde muss selbstverständlich sein, dass Kinderseelsorge nicht nur direkt geschehen darf, sondern indirekt unterstützt werden muss durch den Heilsdienst an den Eltern."[ccclxxii]

Eine Zusammenarbeit im Rahmen der Ministrantenpastoral bedeutet also für die Eltern, eine Möglichkeit zu nützen, sich auf pädagogische und religiöse Ebene weiterzuentwickeln, Erfahrungen auszutauschen, Hilfe zu bekommen, um religiöse und pädagogische Probleme lösen zu können.

Der Kontakt mit den Eltern darf also nicht einseitig verstanden werden. Es geht wirklich um eine Zusammenarbeit, im Rahmen derer sich alle bemühen, voneinander zu lernen, damit die Kinder und Jugendlichen sich gut entwickeln können.

Es gibt noch einen Grund, warum eine solche Arbeit stattfinden soll. Eltern, die von der Gemeinde unterstützt und ernst genommen werden, sind dann oft bereit, ihre Erfahrungen und ihr spezielles Charisma zu Verfügung zu stellen.[ccclxxiii] Dadurch äußert sich ihre Verantwortung für die Kirche, zu der sie nicht nur gehören, sondern dass auch sie selber Kirche sind.

Eine so verstandene Zusammenarbeit ist also kein Sonderangebot, das abhängig von der Freizeit des Leiters der Ministrantengruppe ist. Sie ist eine verantwortungsvolle Aufgabe, die von beiden Seiten ernst genommen werden muss, damit Kinder heranwachsen, ihre Weisheit zunimmt und sie Gefallen bei Gott und den Menschen finden. (vgl. Lk 2, 52).

3.5. Berufungspastoral

Andreas Büsch schreibt: „Gegen eine Begründung der Ministrantenarbeit durch die Tatsache, dass Ministranten potentieller Priesternachwuchs sind, ist zunächst einmal einzuwenden, dass dabei ein aus heutiger Sicht verkürzter Begriff von Berufung zugrunde gelegt wird. Darüber hinaus ist diese Annahme nicht nur heute falsch, sondern vermutlich zu allen Zeiten falsch gewesen. Sicherlich war die überwiegende Zahl aller Kleriker vorher Ministrant. Dabei ist das Ministrant-Sein aber nur eine notwendige, keine hinreichende Erklärung für die Berufung zum Priesteramt oder Ordensleben. Dies lässt sich mit einfachen statistischen Korrelationen daran ablesen, wie viele Ministranten nicht Priester geworden sind bzw. wie viele Handwerker oder Angehörige anderer Berufe als Kinder oder Jugendliche Ministranten waren."[ccclxxiv]

Etwas anderes findet sich im Dokument der deutschen Bischöfe über Ministrantenpastoral, das Andreas Büsch als Anhang in seinen Buch veröffentlicht. Die Bischöfe schreiben: „Gerade im Zusammenhang mit dem Ministrantendienst bietet sich die besondere Gelegenheit, Jungen für den Ruf Gottes zum Priestertum bzw. Mädchen und Jungen zum Ordensstand zu sensibilisieren. Indem ihnen ihre Mitwirkung an der Liturgie als geistliches Tun erschlossen wird, können die Kinder und Jugendlichen auch innerlich mit Christus als dem Rufenden in Berührung kommen. Damit wird ihnen ermöglicht, sich selbst zu fragen: ‚Was hat Gott mit mir vor?'"[ccclxxv]

In der Fachliteratur können solche unterschiedliche Meinungen angetroffen werden. Die Berufungsgedanken werden in den offiziellen kirchlichen Dokumenten akzentuiert, im Gegensatz zu den Thesenpapieren von Organisationen oder Personen, die für Ministrantenpastoral zuständig sind.

Deshalb soll die Berufungspastoral im Rahmen der Ministrantenpastoral auch in dieser Arbeit genauer analysiert werden.

Es ist wichtig, mit Andreas Büsch zu betonen, dass Ministrantenarbeit „durch die Tatsache, dass Ministranten potentieller Priesternachwuchs sind", nicht zu begründen ist. Es ist nicht Ziel und Aufgabe der Ministrantenpastoral, zukünftige Priester oder Ordensleute zu erziehen. In der Erziehung und der Entwicklung darf man Kinder nicht bedrängen, eine wichtige Lebensentscheidung so zu treffen, wie der Erzieher oder die Eltern das wünschten. Es gab Situationen in der Geschichte der Kirche, wo Kinder einen „geistlichen Weg" gehen mussten, weil Eltern auf diese Art und Weise ihr zukünftiges Leben absichern wollten.[ccclxxvi] Deswegen ist es möglich, dass manche Menschen noch heute versuchen, Ministrantenpastoral als Minipriesterseminar zu verstehen. Es kann nichts schaden, die Kinder die mit Begeisterung den liturgischen Dienst ausüben, zu fragen, wer sie in Zukunft sein wollen. Ob sie daran denken Priester, oder Schwester in einer Ordensgemeinschaft zu sein? Es kann aber schaden, wenn Kinder den Eindruck gewinnen, dass die Ministranten in Zukunft nur den Weg der geistlichen Berufung gehen dürfen. Einen solchen Eindruck werden sie nie haben, wenn für den Gruppenleiter das Wohl der Kinder am wichtigsten ist.

Der Hauptgrund und Sinn des Daseins der Ministranten war und ist die Feier der Liturgie. Im Rundschreiben *Mediator Dei*, das Theodor Schnitzler ‚Magna Charta' der Ministranten genannt wurde, schreibt Pius XII.: „Zur besseren Erreichung dieses Zieles wird nicht wenig eine sorgfältige Auswahl braver und gut geschulter Knaben aus allen Gesellschaftskreisen beitragen, die gern und freudig, mit Ordnung, Fleiß und Eifer den Dienst am Altar versehen."[ccclxxvii] So war es auch im 4. und 5. Jahrhundert, wo Knaben als Lektoren aufgenommen wurden[ccclxxviii] und so ist es auch nach dem Zweiten Vatikanischen Konzil, wenn betont wird, dass Ministranten einen wahren liturgischen Dienst ausüben.[ccclxxix]

Mit der Anwesenheit der Ministranten beim Altar wurde von Anfang an die Hoffnung und Erwartung verbunden, dass manche von ihnen später Priester würden.[ccclxxx] Die Erwartung und Hoffnung, dass nicht nur manche Jungen die Priesterberufung durch den Altardienst entdecken, sondern auch manche Mädchen, die beim Altar dienen, den Weg der geistlichen Berufung gehen werden, ist auch heute zu merken.[ccclxxxi] Es können zwei Gründe dieser Situation genannt werden. Der erste ist die Verantwortung der Kirche für die Berufungen zu geistlichen Stand. Der zweite sind die Lebenszeugnisse der Priester und soziologische Untersuchungen.

Schon im Neuen Testament wird betont, dass der Amtsträger darauf bedacht sein soll, einen Nachfolger zu haben (Vgl. 2Tim 2,2). Das Priesterdekret des Zweiten Vatikanischen Konzils nennt die Sorge um neue Priesterkandidaten eine Verpflichtung, die zu der priesterlichen Sendung gehört: „(...) durch die der Priester teilhat an der Sorge für die ganze Kirche, damit im Gottesvolk hier auf Erden niemals die Arbeiter fehlen."[ccclxxxii] Manche Priester haben noch heute den besonderen Wunsch, einen jungen Menschen zum Priestertum zu bringen oder ihn auf diesem Weg zu begleiten.[ccclxxxiii] Die Sorge um neue Priesterkandidaten und überhaupt Kandidaten zu einem kirchlichen Dienst sollen nicht nur Priester tragen. In einem Brief an die Gemeinden schreiben die schweizerischen Bischöfe: „Mit Sorge beobachten wir (...) in vielen Pfarreien noch immer ein weitverbreitetes und unbekümmertes Anspruchsdenken: (sie) (...) erwarteten von uns Bischöfen selbstverständlich, dass wir ihnen einen Priester zur Verfügung stellen. Aber fragen sie sich auch in genügendem Maße umgekehrt, ob sie in ihren Pfarreien junge Menschen zum kirchlichen und speziell priesterlichen Dienst ermutigen und uns Bischöfen zur Verfügung stellen? Diesbezüglich ist ein großer Bewusstseinswandel notwendig. Wenn die Pfarrei wirklich eine mündige Gemeinde ist, muss sie sich fragen: Welchen Beitrag ist sie zu leisten bereit, damit junge Menschen aus ihren Lebensräumen zu einem kirchlichen Dienst entscheiden können?"[ccclxxxiv] Eine lebendige Ministrantengruppe zu haben, kann in der Pfarrei ein solcher Beitrag sein. Sie bietet eine normale und vorhandene Möglichkeit „der Werbung für Priesterberufe".[ccclxxxv]
Der zweite Grund, warum Berufungspastoral im Rahmen der Ministrantenpastoral so wichtig ist, sind Lebenszeugnisse der Priester und soziologische Untersuchungen. Nicht selten kann während der Gespräche mit Priestern gehört werden, dass sie als Jungen Ministranten waren. Manche erzählen, dass sie schon damals entweder vom Priesteramt träumten oder darüber nachdachten. Mit dem Problem, ob die Zugehörigkeit zu einer Ministrantengruppe eine Bedeutung für die Priesterberufung hat, beschäftigt sich die Religionssoziologie. Sie versteht die Ministrantengruppe als einen Faktor, der die Soziogenese und Entwicklung der Priesterberufungen bedingt. Forscher, die nach Quellen der Berufungen suchen, betonen fast immer die wichtige Rolle der Ministrantenumwelt und der erzieherischen Arbeit der Priester mit den Ministranten für das Wecken und Begleiten der Priesterberufungen. Dazu kommt das Ministranten eine besonders intensiven Kontakt zu Priestern haben. Sie lernen Priester mit denen sie am Altar zu tun haben, besonders gut kennen. Fast alle Kandidaten für das Priesteramt sagen, dass es in ihrem Leben einen Priester gab, der sie beeindruckte, den sie nachahmen und ihm ähnlich sein wollen.
Es ist also falsch, zu meinen, dass Ministrant-Sein keine Bedeutung für die Berufung zum Priesteramt, das Ordensleben oder das Ergreifen eines anderen kirchlichen Berufes hat. Die Ministrantenpastoral bietet den Kindern und Jugendlichen eine besondere Chance das Leben im kirchlichen Dienst von innen kennenzulernen. Diese jungen Christen beschäftigen sich vielleicht einmal mit dem Berufungsgedanken.
In der heutigen Situation, wo die Berufungskrise so spürbar ist, soll man sich fragen, ob die, die von Gott berufen sind, die Chance haben, den Ruf Gottes zu hören und zu erkennen.
Ministranten haben die Chance unverbindlich darüber nachzudenken, ob für sie ein geistlicher Beruf in Frage kommt oder nicht.

3.6. Verantwortung der Pfarrgemeinde und der Diözese

Obwohl zum Teil das Thema in dieser Arbeit schon angesprochen wurde[ccclxxxvi], ist es notwendig, sich eingehender damit zu beschäftigen. Es gibt Pfarrgemeinden, wo fast keine Kinder mehr ministrieren. Eine einfache Erklärung wäre, dass Kinder daran kein Interesse mehr haben. Ist es wirklich so, dass Kinder kein Interesse am ministrieren haben, oder ist es so, dass sie erfahren, dass es niemanden in der Gemeinde gibt, der wirklich Interesse an den Ministranten hat?

Interesse an den Ministranten zu haben bedeutet, die Verantwortung für sie und für ihren Dienst zu tragen. Die Person, die in der Gemeinde diese Verantwortung tragen soll, ist der Pfarrer.[ccclxxxvii] Der Grund dafür liegt im Dienst des Lehrens, der Heiligung und der Leitung, der ihm unter der Autorität des Bischofs anvertraut wird.[ccclxxxviii] Besonders der Dienst der Heiligung, verstanden u.a. als die Sorge für die Feier des eucharistischen Opfers[ccclxxxix] und der Dienst der Leitung, verstanden u.a. als das eifrige Sich-Kümmern um die Heranwachsenden und die Jugendlichen[cccxc], lassen diese Verantwortung vom Pfarrer erwarten. Aus verschiedenen Gründen kann es sein, dass ein Pfarrer eine Ministrantengruppe nicht leiten kann. In dieser Situation lässt das Bewusstsein dieser Verantwortung den Pfarrer die Leitung der Ministrantengruppe einer anderen vertrauenswürdigen Person übergeben[cccxci], anstatt die Arbeit mit dieser Gruppe aufzugeben. Er soll sich auch dafür interessieren, was in der Ministrantengruppe seiner Gemeinde geschieht, um die Gruppe vor einem Rückschritt zu bewahren.

Die Verantwortung, eine Ministrantengruppe in der Gemeinde zu haben, soll nicht nur vom Priester allein getragen werden, sondern auch von der ganzen Gemeinde.[cccxcii] Dafür gibt es einige Gründe.

Der erste Grund ist die Liturgie. Da sie „Höhepunkt (ist), dem das Tun der Kirche zustrebt, und zugleich die Quelle, aus der all ihre Kraft strömt"[cccxciii], soll vor allem „die Feier des eucharistischen Opfers Mitte und Höhepunkt des ganzen Lebens der christlichen Gemeinde"[cccxciv] sein. Durch das Ausüben verschiedener liturgischen Dienste, auch des Ministrantendienstes, der ein wahrer liturgischer Dienst ist[cccxcv], kann verständlich gemacht werden, dass die ganze Gemeinde die Trägerin der Liturgie ist[cccxcvi] und es von ihr abhängt, ob wirklich die eucharistische Feier, die Feier der heiligen Messe, Mitte und Höhepunkt ihres Lebens ist.

Der zweite Grund ist die bewusste, volle und tätige Teilnahme an der Liturgie.[cccxcvii] Der Ministrantendienst bietet eine Chance, den Gottesdienst so zu erleben. Die Chance gilt für beide Seiten. Das bedeutet, dass nicht nur diese Personen (meistens Kinder und Jugendliche), die den Dienst ausüben, an einer liturgischen Feier bewusst, voll und tätig teilnehmen können, sondern auch alle in der Kirche versammelten Mitglieder der Gemeinde diese Chance durch den gut ausgeübten Ministrantendienst haben weil er nicht aus den Assistenzaufgaben, sondern auch aus Kommunikations- und Animationsaufgaben bestehen.[cccxcviii]

Der dritte Grund, warum die Gemeinde Mitverantwortung tragen soll, ist, dass ein Gottesdienst der Spiegel ihrer Lebendigkeit ist. Daraus, wie er gestaltet ist, kann erkannt werden, ob die Pfarrgemeinde wirklich lebendig ist. Da vom Ministrantendienst die Vorbereitung und der Verlauf des Gottesdienstes abhängen, kann die Ministrantengruppe ein wichtiges Zeichen dafür sein.[cccxcix]

Gemäß dem Dekret über das Laienapostolat kann noch ein Grund betont werden: „In die örtliche Gemeinschaft der Pfarrei sollen sie (die Kinder) so hineingenommen werden, dass sie in ihr das Bewusstsein gewinnen, schon lebendige und aktive Glieder des Volkes Gottes zu sein."[cd] Eine Ministrantengruppe kann in diesem Bereich eine große Hilfe sein.

Diese Gründe zeigen, dass es fast als Pflicht zu verstehen ist, eine Ministrantengruppe in der Pfarrei zu haben. Es kann gesagt werden: je mehr die Liturgie Mitte und Höhepunkt des Lebens der Gemeinde ist, desto mehr ist die Anwesenheit der Ministranten selbstverständlich.

Die Verantwortung des Pfarrers und der ganzen Gemeinde für die Ministrantengruppe äußert sich auf verschiedene Art und Weise. Das gesamte Tun kann jedoch in zwei Bereiche geteilt werden.

Der erste ist der geistliche Bereich. Dazu gehört vor allem die Unterstützung des Glaubens der Kinder und Jugendlichen, die vor allem mit der seelsorgerischen Tätigkeit des Priesters verbunden ist. Er soll die Mitglieder der Ministrantengruppe auf ihrem Glaubensweg begleiten.[cdi] Alles, was in dieser Gruppe geschieht, soll direkt oder indirekt der Erfahrung und der weiteren Entwicklung des Glaubens der Kinder und Jugendlichen dienen. Spaß und Spiel dürfen nicht das Hauptziel des Lebens dieser Gruppe sein, sondern ein Mittel. Seitens der Gemeinde kann die Ministrantengruppe durch die Bereitschaft mancher Mitglieder unterstützt werden, sie zu leiten und Mitverantwortung für sie zu tragen. Dadurch wird den Kindern ein Vorbild und Beispiel des kirchlichen Engagements gegeben.[cdii] Alle Gemeindemitglieder können auch durch ihre Förderung, Offenheit, Geduld, Dankbarkeit und ihr Gebet eine Atmosphäre schaffen, in der für die Kinder und Jugendlichen diese Unterstützung spürbar wird. Das alles hilft ihnen, nicht nur eine Gemeinschaft, sondern die Kirche als Gemeinschaft zu erleben.[cdiii]

Zum zweiten Bereich gehört die materielle Unterstützung der Ministrantengruppe. Sie äußert sich besonders dadurch, dass die Leiter der Ministrantengruppe die Räume und Finanzen zu Verfügung haben, die für ihre Arbeit Notwendig sind.[cdiv]
Ministranten sollen einen Raum haben, wo sie einander treffen können, um die Einteilung der Dienste zu besprechen, neue Funktionen ausüben zu lernen, Glaubenserfahrungen zu sammeln, sie auszutauschen und miteinander zu spielen. Deswegen soll das keine Notlösung sein, sondern ein eigener Ministrantenraum.[cdv]
Es müssen auch finanzielle Mittel für eine Ministrantengruppe vorgesehen werden. Dem Leiter das notwendige Geld zu Verfügung zu stellen, ist eine Sache der Gerechtigkeit. Man darf nicht jemanden eine Gruppe leiten lassen, ohne vorher die notwendige finanzielle Unterstützung zu sichern. „Für die Ministranten sollte wie für jede andere Jugendgruppe auch finanziell gesorgt sein (...)".[cdvi]
In beiden oben erwähnten Bereichen, in denen sich die Verantwortung der ganzen Gemeinde für Ministrantenpastoral äußert, wurden Schwerpunkte genannt, die für jede Ministrantengruppe notwendig sind. Es ist zu betonen, dass, je nachdem in welcher Pfarrei die Ministrantenarbeit stattfindet und welche Erfahrungen es dort gibt, sich Verantwortung für Ministranten unterschiedlich äußern wird.

Wie die Ministrantengruppe in der Pfarrei vom Priester und von der Gemeinde unterstützt wird, so sollte die Ministrantenpastoral vom Bischof und der Diözese unterstützt werden. Es gibt Aufgaben, die auf der Diözesanebene erfüllt werden müssen, um die Organisation der Ministranten Gruppen in den einzelnen Pfarreien möglich zu machen und sie zu fördern. Dabei ist es wichtig zu verstehen, dass die Ministrantenpastoral von der Diözese nicht deswegen unterstützt werden sollte, weil auf der Diözesanebene z.B. mehr technische Möglichkeiten gibt, sondern weil es nach der dogmatischen Konstitution über die Kirche der Ortsbischof ist, „(...) dem die Pflicht übertragen ist, den christlichen Gottesdienst der göttlichen Majestät darzubringen und zu betreuen gemäß den Geboten des Herrn und den Gesetzen der Kirche, (...)."[cdvii] Die Verantwortung für die Ministrantenpastoral in der Diözese liegt beim Ortsbischof.[cdviii] Da es in den meisten Diözesen unmöglich ist, dass ein Ortsbischof sich direkt mit der Ministrantenpastoral umfassend beschäftigen kann, delegiert er in der Praxis diese Aufgabe an einen Verantwortlichen, damit dieser die notwendige kontinuierliche Arbeit mit dieser Zielgruppe leisten kann.[cdix] Dies sollte allerdings gelegentliche Begegnungen der Ministranten mit dem Ortsbischof z.B. bei einer Diözesanen Ministrantenwallfahrt nicht ausschließen.
Die Verantwortung für die Ministrantenpastoral auf Diözesanebene äußert sich dadurch, dass hier die Arbeit der Leiter der Ministrantengruppen aus den einzelnen Gemeinden gefördert und Qualifiziert wird, um eine konzeptionelle Begleitung und Weiterentwicklung der praktischen Arbeit vor Ort auszuarbeiten.[cdx] Eine große Hilfe sind Schulungen, die für die Leiter organisiert werden. Es ist zu beachten, dass die liturgischen und theologischen Schulung zugleich mit pädagogischen Qualifikationen vermittelt werden soll, damit die Leiter von Ministrantengruppen die gewünschte Verbindung von Liturgie und Leben in ihrer Arbeit mit jungen Menschen umsetzen können.[cdxi] Daneben sollen auch Schulungen und Kurse für Kinder und Jugendliche organisiert werden, die z.B. beim Leiten ihrer Gruppen direkt helfen wollen.[cdxii] Die Möglichkeiten, worin die Verantwortung der Diözese für junge Menschen, die in den Ministrantengruppen tätig sind, sich äußern kann, sind zahlreich. Eines ist aber wichtig: die Gruppenleiter in den Pfarren sollen und müssen einen klar erkennbaren Ansprechpartner in der Diözese haben. Ob das eine einzelne Person, z.B. ein Priester, oder eine Struktur, z.B. ein Ministrantenreferat, sein soll, ist eine Frage der Organisation und der Vision der Ministrantenpastoral in einer Diözese. Diese spürbare Zuständigkeit wirkt sich auf jeden Fall positiv aus und lässt bei den Verantwortlichen nicht das Gefühl, ‚allein zu sein', entstehen.[cdxiii]
Die Verantwortlichen auf der Diözesanebene sollen auch für eine überdiözesane und auch eine internationale Ministrantenpastoral offen sein und sie fördern, mit der direkten Unterstützung von Seiten der Bischofskonferenz[cdxiv], mit Hilfe der *Coetus Internationalis Ministrantium*[cdxv] und der römischen Kongregation für den Gottesdienst und die Disziplin der Sakramente. Es währe z.B. denkbar auf den künftigen Weltjugendtagen, die sich immer größerer Beliebtheit erfreuen, auch ein Treffen der jugendlichen Ministranten zu organisieren, um ein Internationales Begegnungsfeld zu nutzen.

Ob es eine Ministrantengruppe in einer Gemeinde gibt oder nicht und wie gut diese organisiert ist und lebendig ist, hängt also nicht nur davon ab, ob Kinder ministrieren wollen oder nicht. Es ist vor allem davon abhängig, ob die Gemeinde bereit ist, die Verantwortung für diese Gruppe zu tragen und ob sie dabei von der Diözese, insbesondere vom Ortbischof, unterstützt wird.

Zusammenfassung

Diese Arbeit hat gezeigt, dass der Dienst, den die Ministranten ausüben so alt ist, wie die Feier der heiligen Messe selbst. Die Feier der Messe war und ist immer auf Gemeinschaft angelegt. Daher gibt es in dieser und in anderen liturgischen Feiern verschiedene Dienste, die in der Regel von verschiedenen Personen ausgeübt werden sollen.
Der Altardienst war zunächst ein Dienst, der von Klerikern ausgeübt wurde. Nach und nach wurden aber auch Laien zu diesem Dienst zugelassen. Mit der Zulassung der Laien zum Altardienst, wurden auch Knaben mit dem Altardienst betraut.
Der Altardienst wurde zu einer Pflicht. Um erlaubt die Messe feiern zu dürfen, musste wenigstens ein Ministrant dabei sein.
Seit dem Zweiten Vatikanischen Konzil hat ein Bewusstseinswandel stattgefunden. Die liturgische Feier, insbesondere die Feier der heiligen Messe, wird nun als Höhepunkt und Quelle des Gemeindelebens verstanden. Daher soll die gesamte liturgische Gemeinde voll, bewusst und tätig an der Feier der Messe teilnehmen.
Die Ministranten sind ein Teil der liturgischen Gemeinde, haben aber innerhalb dieser Gemeinde einen eigen Platz (in der Nähe des Altares) und versehen bei der Feier verschiedene Dienste. Da der Ministrantendienst ein Dienst der Laien ist, sind nun auch Mädchen und Frauen zum Altardienst zugelassen. Es gibt keine Beschränkungen für den Ministrantendienst. Jedes Mitglied der Gemeinde kann den Ministrantendienst ausüben. Voraussetzung ist eine gute liturgische Bildung.
Dieser wahre liturgische Dienst soll von den Verantwortlichen in Gemeinde und Kirche als Chance verstanden werden, Kinder und Jugendliche zu einem vollen, bewussten und tätigen Mitvollzug der kirchlichen Liturgie zu führen. Dies soll durch eine mystagogische Liturgiekatechese ermöglicht werden. Durch das Verstehen und das Mitvollziehen sollen sie befähigt werden, eine persönliche Christusbeziehung bzw. Gottesbeziehung aufzubauen und die Kirche als lebendige Gemeinschaft erfahren.
Kinder und Jugendliche, die Mitglieder in einer Ministrantengruppe sind, sollen dazu angeregt werden, zu überlegen, was Gott mit ihnen vorhat, d.h. wozu sie berufen sind.
Dazu braucht es in den Pfarrgemeinden verantwortliche Leiter der Ministranten, die theologisch, liturgisch und pädagogisch geschult sind und so die Kinder und Jugendlichen auf ihrem Glaubens- und Lebensweg begleiten können. Um diese wichtige pastorale Arbeit leisten zu können, brauchen die Pfarrgemeinden die Unterstützung durch den Ortsbischof, die Verantwortlichen in der Diözese, des Papstes und der Gesamtkirche.
Ministranten sind also für die Feier der Liturgie und für die pastorale Arbeit der Kirche von besonderer Bedeutung. Deshalb sollte jede kirchliche Gemeinde großen Wert auf eine gute Ministrantenarbeit legen. Besonders aber auf die Personen, die den Ministrantendienst ausüben.
Ministrantenarbeit und Ministrantenpastoral sind somit wichtige kirchliche Handlungsfelder. Es ist sehr wünschenswert, dass die Verantwortlichen in Pfarrei, Diözese und Gesamtkirche sich bemühen dort eine gute Arbeit zu leisten.

Abkürzungsverzeichnis

CIM	Coetus Interationalis Ministrantium
CT	Collectanea Theologica
HD	Homo Dei
Ihd	Im heiligen Dienst
KiK	Kinder in der Kirche

Häufig benutzte Werke werden in den Endnoten nur mit dem Verfassernamen, einem Kurztitel und der entsprechenden Seitenzahl zitiert.
Im Übrigen sind die Abkürzungen aus dem IATG² (Siegfried M. Schwertner) gebraucht worden.

Quellen und Literaturverzeichnis

1. zeitlich geordnete Quellen und ihre abgekürzte Zitation.

Titel	Abkürzung
Pius XII.: ***Mediator Dei***, Rundschreiben über die heilige Liturgie, 20. November1947, in: AAS 39 (1947), 521-595. Deutsche Übersetzung nach: Pius XII., Rundschreiben über die heilige Liturgie *Mediator Dei*, Freiburg 1948.	**MD**
Sacrosanctum Concilium, Das Zweite Vatikanische Konzil, Die Konstitution über die heilige Liturgie, 4. Dezember 1963, in AAS 56 (1964), 97-138. Deutsche Übersetzung nach Rahner, Karl/Vorgimler, Herbert: Kleines Konzilskompendium. Sämtliche Texte des Zweiten Vatikanums, Freiburg/Basel/Wien ²⁷1998, 51-90.	**SC**
Lumen Gentium, Das zweite Vatikanische Konzil, Die Dogmatische Konstitution über die Kirche, 21. November 1964, in: AAS 57 (1965), 5-71. Deutsche Übersetzung nach Rahner, Karl/Vorgimler, Herbert: Kleines Konzilskompendium. Sämtliche Texte des Zweiten Vatikanums, Freiburg/Basel/Wien ²⁷1998, 123-197.	**LG**
Christus Dominus, Das Zweite Vatikanische Konzil, Das Dekret über die Hirtenaufgabe der Bischöfe in der Kirche, 28. Oktober 1965, in AAS 57 (1965), 5-71. Deutsche Übersetzung nach Rahner, Karl/Vorgimler, Herbert: Kleines Konzilskompendium. Sämtliche Texte des Zweiten Vatikanums, Freiburg/Basel/Wien ²⁷1998, 257-285.	**CD**
Gravissimum educationis, Das zweite Vatikanische Konzil, Die Erklärung über die christliche Erziehung, 28. Oktober 1965, in: AAS 58 (1966), 728-739. Deutsche Übersetzung nach Rahner, Karl/Vorgimler, Herbert: Kleines Konzilskompendium. Sämtliche Texte des Zweiten Vatikanums, Freiburg/Basel/Wien ²⁷1998, 335-348.	**GE**

Apostolicam actuositatem, Das Zweite Vatikanische Konzil, da Dekret über das Laienapostolat, 18. November 1965, in: AAS 58 (1966), 837-864. Deutsche Übersetzung nach Rahner, Karl/Vorgimler, Herbert: Kleines Konzilskompendium. Sämtliche Texte des Zweiten Vatikanums, Freiburg/Basel/Wien ^{27}1998, 389-421. **AA**

Presbyterorum ordinis, Das Zweite Vatikanische Konzil, Das Dekret über Dienst und Leben der Priester, 7. Dezember 1965, in: AAS 58 (1966), 991-1024. Deutsche Übersetzung nach Rahner, Karl/Vorgimler, Herbert: Kleines Konzilskompendium. Sämtliche Texte des Zweiten Vatikanums, Freiburg/Basel/Wien ^{27}1998, 561-598. **PO**

Kongregation für den Gottesdienst: ***Liturgicae instaurationes***, Die dritte Instruktion zur ordnungsgemäßen Durchführung der Konstitution über die heilige Liturgie, 5. September 1970, in: AAS 62 (1970), 692-704. Deutsche Übersetzung nach Rennings, Heinrich/Klöckner, Martin: Dokumente zur Erneuerung der Liturgie, Bd.1, Dokumente des Apostolischen Stuhls 1963-1973, Kevelaer 1983, 2171-2186.

Allgemeine Einführung in das Römische Messbuch, hrsg. V. den Liturgischen Instituten Salzburg, Trier, Zürich, Trier 1970. **AEM**

Paul VI.: ***Ministeria Quaedam***, Das Motuproprio zur Neuordnung der ersten Tonsur, der Niederen Weihen und des Subdiakonats in der lateinischen Kirche, 15. August 1972, in: AAS 64(1972), 529-534. Deutsche Übersetzung nach Rennings, Heinrich/Klöckner, Martin: Dokumente zur Erneuerung der Liturgie, Bd. 1, Dokumente des Apostolischen Stuhls 1963-1973, Kevelaer 1983, 2171-2186. **MQ**

Kongregation für den Gottesdienst: ***Direktorium für Kindermessen***, 1. November 1973, in: AAS 66 (1974), 30-46. Deutsche Übersetzung nach Rennings, Heinrich/Klöckner, Martin: Dokumente zur Erneuerung der Liturgie, Bd.1, Dokumente des Apostolischen Stuhls 1963-1973, Kevelaer 1983, 3115-3169.

Kongregation für die Sakramente und den Gottesdienst: ***Inaestimabile donum***, Die Instruktion über einige Normen zur Feier und Verehrung des Geheimnisses der heiligsten Eucharistie, 3. April 1980, in: AAS 72 (1980), 331-343. Deutsche Übersetzung nach Rennings, Heinrich/Klöckner, Martin: Dokumente zur Erneuerung der Liturgie, Bd.2, Dokumente des Apostolischen Stuhls 4.12.1973-3.12.1983, Kevelaer 1983, 3959-3993.

Pontificium Konsilium de Legum Textibus Interpretandis: ***Responsio ad propositum dubium***, 11. Juli 1992, in: AAS 86 (1994), 541. Deutsche Übersetzung nach: Müller, Ludger: Die päpstliche Entscheidung von 1992/1994 in: Erzbischöfliches Jugendamt München (Hg.): Minimaterialen 2001. Materalen zum Jahresthema für Ministrantenarbeit im Schuljahr 2000/2001, München 2000, 10-12.

Congregatio de Cultu Divino et Disciplina Sacramentorum: ***Litteras ciculares***, 15. März 1994, in: AAS 86 (1994), 541-542. Deutsche Übersetzung nach: Müller, Ludger: Die päpstliche Entscheidung von 1992/1994 in: Erzbischöfliches Jugendamt München (Hg.): Minimaterialen 2001. Materialien zum Jahresthema für Ministrantenarbeit im Schuljahr 2000/2001, München 2000, 10-12.

Kongregation für den Gottesdienst und die Sakramentenordnung: ***Brief der Kongregation an einen Bischof betreffend Ministrantinnen***, in: Notitiae 1-2 (2002), 46-54.

Die pastoralen Dienste in der Gemeinde, in: Gemeinsame Synode der Bistümer in der Bundesrepublik Deutschland. Offizielle Gesamtausgabe, Freiburg/Basel/Wien [6]1985, 581-636.

Codex Iuris Canonici, Freiburg im Breisgau, 1923. **CIC 1917**

Codex Iuris Canonici, 25. Januar 1983, in: AAS 75 (!983), II,VII - XIV: Deutsche Übersetzung nach: Rennings, Heinrich/Klöckner, Martin: Dokumente zur Erneuerung der Liturgie, Bd. 2, Dokumente des Apostolischen Stuhls 4.12.1973-3.12.1983, Kevelaer 1983, 4268-4748a. **CIC**

Katechismus der Katholischen Kirche, München 1993. **KKK**

Ordo Missae, in: Rennings, Heinrich/Klöckner, Martin: Dokumente zur Erneuerung der Liturgie, Bd. 1, Dokumente des Apostolischen Stuhls 1963-1973, Kevelaer 1983, 1373-1736.

2. Literaturverzeichnis

Barsch, Jürgen: „Von größtem Gewicht für die Liturgiefeier ist die heilige Schrift“ (SC 24), zur Bedeutung der Bibel im Kontext des Gottesdienstes, in LJ 53 (2003), 222-241.

Bellbaum, Alfred: Gruppe, in: Arnold, Franz Xaver/ Klostermann, Ferdinand/ Rahner, Karl/Schurr, Viktor/Weber, Leonhard M.: Handbuch der Pastoraltheologie. Praktische Theologie der Kirche in ihrer Gegenwart, Bd.5, Lexikon, Freiburg/Basel/Wien 1972, 188-189.

Benedikt XVI.: Wer hilft uns leben? Von Gott und Mensch, Hg. von Zaborowski u. Letzkus, Freiburg 2005, 92-94.

Berger, Rupert: Neues pastoralliturgisches Handlexikon, Freiburg/Basel/Wien 1999.

Bettazzi, Luigi: Das zweite Vatikanum, Pfingsten unserer Zeit, Würzburg 2002.

Biemer, Günter/Tzscheetzsch, Werner: Handbuch kirchlicher Jugendarbeit: Bd. 4, Jugend der Kirche. Selbstdarstellung von Verbänden und Initiativen, Freiburg/Basel/Wien 1988.

Bischöfliches Seelsorgeamt/Abteilung Bischöfliches Jugendamt Augsburg (Hg.).: Konzepte kirchliche Jugendarbeit: Nr. 3, Konzept für Ministrantenarbeit, Augsburg 1991.

Bischöfliches Jugendamt/ Diözesanstelle des BDKJ Münster (Hg.): Ministrantendienst - Zeichen lebendiger Gemeinde. Arbeitshilfe zur Ministrantenarbeit, Kevelaer 1980.

Büsch, Andreas (Hg.): Handbuch der Ministrantenpastoral. Bezugspunkte, Praxisfelder, Chancen, Düsseldorf 1999.

Coetus Internationalis Ministrantium (CIM): Statuten des CIM, in: Internet: www.afj.de/cim/cimwueu/cimstats.html. (gefunden am. 10.06.2005).

Coetus Internationalis Ministrantium (Hg.): Vor Dir zu stehen und Dir zu dienen. Der Dienst der Ministrantinnen und Ministranten in der Feier der Eucharistie, Paderborn 1994.

Die kirchliche Begräbnisfeier in den katholischen Bistümern des deutschen Sprachgebietes, hg. im Auftrag der Bischofskonferenzen Deutschlands, Österreichs und der Schweiz und des Bischofs von Luxemburg, Freiburg/ Basel/Wien u. a. 1972 [Neudruck 2002].

Diözesanleitungen der Katholische Jungschar der Erzdiözese Wien und der Diözese Eisenstadt (Hg.): Ministrantenpastoral, Bd1, Der Ministrantendienst, Wien/Eisenstadt 1990.

Eham, Markus, Vom Erleben zu Verstehen, Die bedeutung gottesdienstlicher Erfahrung für liturgische Bildung, in: LJ 56 (2005), 96-112.

Ferner-Steuer, Anne: Mehr als man denken mag, Situation und Chancen der Ministrantenpastoral, in: Anzeiger für die Seelsorge 9 (2005), 5-7.

Flatten, Heinrich: Das Verbot der Meßdienerinnen, in: Pastoralblatt für die Diözesen Aachen, Berlin, Essen, Hildesheim, Köln, Osnabrück 6 (1986), 182-188.

Frisch, Herman J.: Unser Ministrantendienst, Ausgabe B: für ältere Ministranten und Gruppenleiter, Düsseldorf 1996.

Frisch, Herman J.: Wer mir dienen will..., Bd3. Handbuch für Leiter von Ministrantengruppen, Düsseldorf 1996.

Greshake, Gisbert: Priester sein in dieser Zeit, Freiburg/Basel/Wien 2000.

Gwerder, Edwin: Mehr als eine Symbolfigur. Um eine Neu-Profilierung der Ministranten, in: Gottesdienst 9 (1978), 65-67.

Haunerland, Winfried: Mystagogie, liturgische Bildung und Feierkultur, Zu bleibenden Aufgaben der Liturgiereform, in: Priester und Liturgie, Hg. von George Augustin, Alfons Knoll, Michael Kunzler und Klemens Richter, Paderborn 2005, 343-361.

Haunerland, Winfried: Gottesdienst als »Kulturleistung«, Von der Notwendigkeit und den Zielen liturgischer Bildung, in: LJ 56 (2005), 67-81.

Henrichs, Norbert: Zur Geschichte des Ministranten, in: Schnitzler, Theodor: Ministrantenpädagogik, Kevelaer [2]1960, 139-172.

Hobelsberger, Hans: Ministrantenarbeit zwischen Liturgie und Jugendpastoral, Regensburg 1990.
Hobelsberger, Hans: Ministrantenarbeit als jugendpastorales Handlungsfeld, in: Gottes Volk 71 (1991), 75-90.

Hoellen, Michael: Ministranten - "Mädchen für alles"?, in: Gottesdienst 11 (1977), 52-53.

Hoffmann, Christine: Ministrantenarbeit - das Ende der Koedukation?, in: ihd 4 (1992), 247-251.

Holl, Michael: Gemeinde als Bezugs- und Bedingungsfeld der Ministrantenpastoral, in: Büsch, Andreas: Handbuch der Ministrantenpastoral. Bezugspunkte, Praxisfelder, Chancen, Düsseldorf 1999.

Kölbling, Jürgen: Procedamus - nur wohin? Aspekte des Ministrant/innen Daseins, in: KiK 105 (1999), 10-14.

Hück, Anneliese: Nicht nur Glöckenläuten! Handbuch für den Dienst in Sakristei und Kirchenraum, Mainz 1996.

Jansen, Heinrich: Ziele und Möglichkeiten der Ministrantenarbeit, in: ihd 4 (1987), 233-239.

Jansen, Peter: Blick nach innen - IV und letzter Teil, in: Mini - Börse 4 (2001), 196-199.

Johannes Paul II.: Dienen im Geist der Ehrfurcht. Ansprache an die Teilnehmer des internationalen Ministrantentreffens auf dem Petersplatz, in: Sekretariat der Deutschen Bischofskonferenz (hg.): Der Apostolische Stuhl 1986. Ansprachen, Predigten und Botschaften des Papstes, Erklärungen der Kongregationen, Vollständige Dokumentation, Köln/Città del Vaticano o.J., 1245-1247.

Johannes Paul II.: Helfer des Pfarrers und Freunde Jesu Christi, in: L'Osservatore Romano (Wochenausgabe in deutscher Sprache), 32/33 (2001), 7.

Jungmann, Josef A.: Missarum Sollemnia. Eine genetische Erklärung der römischen Messe, Bd. 1 Messe im Wandel der Jahrhunderte. Messe und kirchliche Gemeinschaft Wien 1949.

Katholische Jungschar Österreichs (Hg.): Ministrant/innen Pastoral - Arbeitshilfe der kath. Jungschar Österreichs, Wien 1993.

Katholische Jungschar Österreichs (Hg.): In der Mitte sind die Kinder. Handbuch Jungschararbeit, Wien 1996.

Katholische Jungschar Österreichs (Hg.): JS - Studio 7 Ministranten, Wien o.J.

Klein, Irene: Gruppenleiten ohne Angst. Ein Handbuch für Gruppenleiter, München [7]1998.

Klinger, Elmar: "Gaudium et Spes" - die Basis und das Strategiepapier einer Kirche der Jugend, in: Hobelsberger Hans/Lechner, Martin/Tzscheetzsch, Werner (Hg.):Ziele und Aufgaben kirchlicher Jugendarbeit. Bilanz und Auftrag 20 Jahre nach dem Synodenbeschluss, München 1996, 21-34.

Kohl, Christoph: Minis zwischen allen Stühlen? Ministrantenpastoral als integrierendes Element der Jugendpastoral im Kontext der Gemeinde, in: Büsch, Andreas (Hg.): Handbuch der Ministrantenpastoral. Bezugspunkte, Praxisfelder Chancen, Düsseldorf 1999, 225-244.

Kunzler, Michael: Leben in Christus. Eine Laienliturgik zur Einführung in die Mysterien des Gottesdienstes, Paderborn 1999.

Lengeling, Emil Joseph: Liturgie – Dialog zwischen Gott und Mensch, hg. und bearb. vo Klemens Richter, Freiburg/Basel/Wien, 1981.

Martimort, Aimè-Georges (Hg.): Handbuch der Liturgiewissenschaft, Bd1, Allgemeine Einleitung. Die Grundelemente der Liturgie. Die Theologie der liturgischen Feier, Leipzig 1961.

Mass-Ewerd, Theodor: Ministrantendienst und Gemeinde, in: Anzeiger für die katholische Geistlichkeit 86 (1977), 384-390.

Meier, Bertram: "Ministrantenarbeit - Versuch einer Charakterisierung", in Katechetische Blätter 12 (1982), 938-942.

Meßner, Reinhard: Einführung in die Liturgiewissenschaft, Paderborn u.a. 2001.

Moser-Fendel, Rainer/Büsch Andreas: Gruppen in der Ministrantenarbeit, in: Büsch, Andreas (Hg.): Handbuch der Ministrantenpastoral. Bezugspunkte, Praxisfelder Chancen, Düsseldorf 1999, 198-214.

Mühlbacher, Eduard: Ministrantenarbeit europäisch - Der CIM stellt sich vor, in: ihd 2 (1992), 81-84.

Niederberger, Georg: Die Werbung für Priesterberufe, in: Arnold, Franz Xaver/ Klostermann, Ferdinand/Rahner, Karl/Schurr, Viktor/Weber, Leonhard M.: Handbuch der Pastoraltheologie. Praktische Theologie der Kirche in ihrer Gegenwart, Bd.4, Lexikon, Freiburg/Basel/Wien 1969, 525-532.

Nothelle, Claudia: Ministrant, Ministrantin, in: LThK[3], Bd. 7, 271-272.

Nussbaum, Otto: Geschichte und Reform des Gottesdienstes. Liturgiewissenschaftliche Untersuchungen, Paderborn 1996.

Österreichisches Pastoralinstitut (Hg.): Texte der Pastoralkommission Österreichs für die Seelsorger, Pfarrgemeinderäte und Apostolatsgruppen. Kinderpastoral, Wien 1983.

Ottermann, Thomas: Freiheit und Verantwortung, in: ihd 3 (1990), 131-136.

Peusquens, Karl-Günther: Ministranten (Ministrantinnen?). Eine historische, kirchen- und liturgierechtliche Untersuchungen, in: Pastoralblatt für die Diözesen Aachen, Berlin, Essen, Köln, Hildesheim, Osnabrück, 5 (1989), 147-151.
Peterßen, Wilhelm H.: Handbuch Unterrichtsplanung, Grundfragen Modelle Stufen Dimensionen, 9., aktualisierte und überarbeitete Auflage, München 2000

Pilz, Winfried/Weber, Raymund: ... damit es ein Fest wird. Werkbuch für Ministrantenarbeit, München 1978.

Pohl, Werner: Der Ministrant was er ist und was alles zu seinem Dienst gehört, Freiburg/Basel/Wien 1979.
Priwratzky, Markus: Die Pädagogik Don Boscos damals und heute, ein spiritueller Heilsweg für Kinder und Jugendliche in der Postmoderne, in: Schriftenreihe Geist und Wort, Schriftenreihe des Lehrstuhls für Christliche Spiritualität und Homiletik Kath. Univ. Eichstätt- Ingolstadt, hg. von Erwin Möde, Bd. 10, Hamburg 2005 91-93.

Rahner, Karl/Vorgrimler, Herbert: Kleines Konzilskompendium. Sämtliche Texte des Zweiten Vatikanums, Freiburg/Basel/Wien ^{27}1998.

Richter, Klemens: Liturgie als Verwirklichung von Gemeinde, in: ihd 1 (1990), 42-52.

Rück, Werner: Gemeindeaufbau durch Gruppen, in: Lebendige Seelsorge 5 (1976), 318-324.

Sauer, Ralph: Liturgische Bildung im Rahmen der Ministrantenarbeit, in: Pastoralblatt für die Diözesen Aachen, Berlin, Essen, Köln, Hildesheim, Osnabrück, 4 (1989), 111-119.

Schilling, Johannes: Leitfaden für Gruppenleiter, München 1987.

Schlosser Michael: Biblische Hinführung zum Ministrantendienst, in: ihd 1 (1994), 22- 24.

Schnitzler, Theodor: Ministrantenpädagogik, Kevelaer ^{2}1960.

Schredl, Erich: Wir Minis. Für junge Leute, die einer großen Sache dienen. Alles, was Ministranten und Ministrantinnen wissen müssen, Freiburg/Basel/Wien 2000.
Schröder, Eberhard: Der BDKJ - ein Dachverband katholischer Jugendverbände, in: Biemer, Günter/Tzscheetzsch, Werner: Handbuch kirchlicher Jugendarbeit: Bd. 4, Jugend der Kirche. Selbstdarstellung von Verbänden und Initiativen, Freiburg/Basel/Wien 1988, 26-35.

Schülerduden »Die Pädagogik«, hg. u. bearb. von Meyers Lexikonred. In Zsarb. mit Gerhard Eberle und Axel Hillig, Mannheim/Wien/Zürich 1989.

Sekretariat der Deutschen Bischofskonferenz (Hg.): Instruktion *Redemptionis Sacramentum* über einige Dinge bezüglich der heiligsten Eucharistie, die einzuhalten und zu vermeiden sind, Verlautbarungen des Apostolischen Stuhls 164, Bonn 2004.

Sekretariat der Deutschen Bischofskonferenz (Hg.): Katechese in veränderter Zeit, Die deutschen Bischöfe 75, Bonn 2004.

Sekretariat der Deutschen Bischofskonferenz (Hg.): Ministranten- und Ministrantinnenpastoral, Arbeitshilfe 141, Bonn 1998.

Sekretariat der Deutschen Bischofskonferenz (Hg.): Pastorales Schreiben Mitte und Höhepunkt des ganzen Lebens der christlichen Gemeinde, Impulse für eine lebendige Feier der Liturgie, Die deutschen Bischöfe 74, Bonn 2003.

Stuflesser; Martin: „Heiliger Ernstfall“, Liturgische Bildung als Chance der Ministrantenpastoral, in: Anzeiger für die Seelsorge 9 (2005), 11-14.

Tilman, Klemens : Ministranten - Frömmigkeit, in: Katechetische Blätter 73 (1948), 354.

Weidinger, Norbert: Zwischen Aufbruch und Neuorientierung. Die gegenwärtige Situation in der Ministrantenarbeit, in Katechetische Blätter 12 (1977), 823-829.

Weinschenk, Reinhold: Grundlagen der Pädagogik Don Boscos, München 2. erweiterte Auflage 1987.

Weisberger, Josef: Der CIM in seiner historischen Entwicklung seit seiner Gründung bis heute, in: Internet: www.afj.de/cim/cimwueu/cimstats.html. (gefunden am. 10.06.2005).

Wittemman, Peter/Weidinger, Norbert (Hg.): Ministrantenarbeit. Werkbuch für Leiter von Ministrantengruppen, Kevelaer 1979.

Zulehner, Paul. M.: Leibhaftig glauben. Lebenskultur nach dem Evangelium, Freiburg/Basel/Wien 1983.

Zulehner, Paul M.: Pastoraltheologie, Bd. 2, Gemeindepastoral. Orte christlicher Praxis, Düsseldorf ^{3}1995.

Zulehner, Paul M.: Ein Kind in ihrer Mitte. Wir brauchen Familien, geprägt von Stabilität und Liebe, Wien 1999.

Endnoten

[i] Ferner-Steuer, Mehr als man denken mag, 5.
[ii] Vgl. Stufelesser, „Heiliger Ernstfall“, in: Anzeiger für die Seelsorge 9 (2005), 11-12.
[iii] Vgl. Henrichs, : Zur Geschichte der Ministranten, in : Schnitzler Theodor: Ministrantenpädagogik, 139-172, 139.
[iv] Vgl. Schlosser, M.: Biblische Hinführung zum Ministrantendienst, in: ihd 1 (1994), 22-24.
[v] Vgl. Martimort, A.-G. (Hg.): Handbuch der Liturgiewissenschaft, Bd. 1, 105.
[vi] Hennecke, E.: Neutestamentlichte Apokryphen, Tübingen 1904, 122, zit. nach: Henrichs, Geschichte der Ministranten, 140.
[vii] BKV, Frühchristliche Apologeten I, 80 zit. nach: Henrichs, Geschichte der Ministranten, 141.
[viii] Vgl. Jungmann: Missarum Sollemnia. Eine genetische Erklärung der römischen Messe, Bd. 1, Messe im Wandel der Jahrhunderte. Messe und kirchliche Gemeinschaft. Vormesse, 248.
[ix] Vgl. Henrichs, Geschichte der Ministranten, 141.
[x] Vgl. ebd.
[xi] Vgl. Jungmann, Missarum Sollemnia, Bd.1, 263.
[xii] Zur Zeit der diokletanischen Verfolgung (III/IV Jh.) gab es in Rom über 40 Basiliken. Vgl. Optatus, Contra Parmen. II, 4 (CSEL 26, 39), zit. nach: Jungmann, Missarum Sollemnia, Bd. 1, 263.
[xiii] Vgl. Jungmann, Missarum Sollemnia, Bd. 1, 263.
[xiv] Pl 77, 460 u.a., zit. nach: Henrichs, Geschichte der Ministranten, 143.
[xv] Vgl. Henrichs, Geschichte der Ministranten, 143.
[xvi] Vgl. Eusebius, Hist eccl. Vi, 43, zit. nach: Henrichs, Geschichte der Ministranten, 141f.
[xvii] Vgl. Schnitzler: Ministrantenpädagogik, 15.
[xviii] Vgl. ebd., 15f.
[xix] Vgl. ebd., 16.
[xx] Vgl. ebd.
[xxi] Vgl. ebd.
[xxii] Vgl. Wieland: Die genetische Entwicklung der sogenannten Ordines minores in den ersten drei Jahrhunderten, Rom 1897, 36, zit. nach: Henrichs, Geschichte der Ministranten, 141.
[xxiii] Vgl. Schnitzler, Ministrantenpädagogik, 16.
[xxiv] Vgl. ebd.
[xxv] Vgl. ebd., 17
[xxvi] BKV, Frühchristliche Apologeten I, 82, zit. nach: Henrichs, Geschichte der Ministranten, 143f.
[xxvii] Vgl. Henrichs, Geschichte der Ministranten, 144.
[xxviii] Vgl. Martimort, Handbuch, Bd. 1, 106
[xxix] Vgl. Henrichs, Geschichte der Ministranten, 144.
[xxx] Vgl. Jungmann, Missarum Sollemnia, Bd. 1, 506.
[xxxi] Vgl. Peterson: Das jugendliche Alter der Lektoren, in: Ephemerides Liturgicae 48 (1934), 437, zit. nach Henrichs, Geschichte der Ministranten, 144.
[xxxii] Vgl. Peterson: Das jugendliche Alter der Lektoren, 437-442, zit. nach Jungmann, Missarum Sollemnia, Bd. 1, 506.
[xxxiii] Vgl. Henrichs, Geschichte der Ministranten, 149.
[xxxiv] Vgl. Peterson, E.: Das jugendliche Alter, 441, zit. nach: Henrichs, Geschichte der Ministranten, 149f.
[xxxv] Ebd.
[xxxvi] Vgl. Henrichs, Geschichte der Ministranten, 148.
[xxxvii] Vgl. Peterson: Das jugendliche Alter der Lektoren, in: Ephemerides Liturgicae 48 (1934), 438, Anm. 3, zit. nach: Henrichs, Geschichte der Ministranten, 146.
[xxxviii] Vgl. Schnitzler, Ministrantenpädagogik, 17.
[xxxix] Vgl. Mansi VIII, 726, zit. nach: Henrichs, Geschichte der Ministranten, 146.
[xl] Vgl. Mansi VIII, 726, zit. nach: ebd., 147.
[xli] Jungmann, Missarium Sollemnia, Bd. 1, 506.
[xlii] Vgl. Henrichs, Geschichte der Ministranten, 152.
[xliii] Vgl. Fischer: Der niedere Klerus bei Gregor der Gr., in: ZKTh 62 (1938), 65f, zit. nach : Henrichs, Zur Geschichte, 146.
[xliv] Vgl. Henrichs, Geschichte der Ministranten, 150.
[xlv] Vgl. Monumenta germaniae historica (MGH) Kapitulare I, 238.Vgl. auch Dekret Gregors III (+741) – Friedberg, Corpus Juris Canonici, Leipzig 1879/81, II, 635 zit. nach: Henrichs, Zur Geschichte, 150.
[xlvi] Vgl. Henrichs, Geschichte der Ministranten, 150.
[xlvii] Vgl. ebd
[xlviii] Vgl. ebd., 151.
[xlix] Vgl. Pl 56, 888, zit. nach: Henrichs, Geschichte der Ministranten, 151f.
[l] Vgl. Schnitzler, Ministrantenpädagogik, 18.
[li] Vgl. ebd.
[lii] Vgl. Croce: Die niederen Weihen und ihre hierarchische Wertung, in ZKTh 70 (1948), 271ff, zit. nach Henrichs, Geschichte der Ministranten, 152.
[liii] Vgl. Schnitzler, Ministrantenpädagogik, 18.
[liv] Vgl. ebd.
[lv] Ebd.
[lvi] Vgl. Henrichs, Geschichte der Ministranten, 152.
[lvii] Vgl. ebd.
[lviii] Vgl. Schnitzler, Ministrantenpädagogik, 19.
[lix] Vgl. Henrichs, Geschichte der Ministranten, 152.
[lx] Vgl. Synode von Nantes (9. Jh.): Mansi XVIII, 169, zit. nach: Henrichs, Geschichte der Ministranten, 153.
[lxi] Vgl. Henrichs, Geschichte der Ministranten, 153.
[lxii] Vgl. ebd., 154.
[lxiii] Vgl. Croce: Die niederen Weihen und ihrer hierarchische Wertung, in ZKTh 70 (1948), 303, zit. nach Henrichs, Geschichte der Ministranten, 154.
[lxiv] Vgl. ebd., 293ff, zit. nach: ebd.154.
[lxv] Vgl. Jungmann, Missarum Sollemnia, Bd. 1, 272.
[lxvi] Henrichs, Zur Geschichte, 155. Vgl. auch Jungmann, Missarum Sollemnia, Bd. 1, 272.
[lxvii] Vgl. Jungmann, Missarum Sollemnia, Bd. 1, 274.
[lxviii] Vgl. Berliere: L'ascése benedictine, Maredsons 1927, 40 zit. nach Jungmann, Missarum Sollemnia, Bd. 1, 274f.
[lxix] Vgl. Jungmann, Missarum Sollemnia, Bd. 1, 275.
[lxx] Ebd., 280.
[lxxi] Vgl. Henrichs, Geschichte der Ministranten, 156.

[lxxii] Vgl. Biehl: Das liturgische Gebet für Kaiser und Reiche 78, zit. nach: Jungmann, Missarum Sollemnia, Bd. 1, 280.
[lxxiii] Vgl. Strabo: de exord. et increm. C.21 (PL 114, 943), zit. nach: ebd.
[lxxiv] Vgl. Jungmann, Missarum Sollemnia, Bd. 1, 285.
[lxxv] Vgl. Henrichs, Geschichte der Ministranten, 157.
[lxxvi] Vgl. Jungmann, Missarum Sollemnia, Bd. 1, 279.
[lxxvii] Vgl. Synode von Mainz (813) can. 43 (Mansi XIV, 74), zit. nach: Jungmann, Missarum Sollemnia, Bd. 1, 285.
[lxxviii] Vgl. Verordnung im Decretum Gratini III, 1.61 zugeschrieben dem Papst Soter. Sie wurde immer von Kanonisten zitiert Vgl. Jungmann, Missarum Sollemnia, Bd. 1, 285.
[lxxix] Vgl. Synode von Paris (829) can. 48 (Mansi XIV, 74), zit. nach Jungmann, Missarum Sollemnia, Bd. 1, 285.
[lxxx] Vgl. Konzil von Nantes, in: Regino, de synod. Causius I, 191 (PL 132, 225) zit. nach: ebd., 286.
[lxxxi] Henrichs, Geschichte der Ministranten, 158.
[lxxxii] Ebd., 159.
[lxxxiii] Synode von Trier (1227) can. 8 (Mansi XXIV, 200). Diese Forderung wurde nicht mehr vom Missale Pius` V, aber in manchen Diözesanbestimmungen des 14. Jh. wiederholt. Zit. nach: Jungmann, Missarum Sollemina, Bd. 1, 287.
[lxxxiv] Vgl. Henrichs, Geschichte der Ministranten, 160.
[lxxxv] Vgl. ebd., 161.
[lxxxvi] Vgl. Die Mainzer Synode von 1310, (Mansi XXV, 23) zit. nach: Henrichs, Zur Geschichte der Ministranten, 162.
[lxxxvii] Vgl. Henrichs, Geschichte der Ministranten, 165.
[lxxxviii] Vgl. ebd.
[lxxxix] Schnitzler, Ministrantenpädagogik, 19.
[xc] Vgl. Smets: Concilium Tridentium. Canones et Decreta, Bielefeld 1851, Sess. XXIII c. XVII, zit. nach: Henrichs, Geschichte der Ministranten, 166.
[xci] Vgl. Mansi XXXIV, 692, zit. nach: Henrichs, Geschichte der Ministranten, 167.
[xcii] Vgl. Mansi XXXIV, 1343, zit. nach: ebd.
[xciii] Vgl. Mansi XXX, 692. zit. nach: ebd.
[xciv] Vgl. Saponaro: Estne munus in missa privata ministrandi clericorum proprium? In: Periodica de re morali canonica liturgica 28 (1939) 381f, zit. nach: Henrichs, Geschichte der Ministranten, 168.
[xcv] Vgl. Henrichs, Geschichte der Ministranten, 168.
[xcvi] Pius XII.: *Mediator Dei*, Rundschreiben über die heilige Liturgie, (MD) 198, in AAS 39 (1947), 521-595. Deutsche Übersetzung zit. nach: Pius XII.: Rundschreiben über die heilige Liturgie *„Mediator Dei"*, 159.
[xcvii] Vgl. Schnitzler, Ministrantenpädagogik, 13.
[xcviii] Vgl. ebd., 19.
[xcix] *Codex Iuris Canonici*, (CIC 1917), c.813 §1-2. Deutsche Übersetzung zit. nach: Schnitzler, Ministrantenpädagogik, 19.
[c] Vgl. Schnitzler, Ministrantenpädagogik, 20.
[ci] Der Autor betont, dass der Ausdruck nicht korrekt ist, weil jeder Christ Recht und Pflicht hat, sein Opfer mit dem Opfer Christi zu vereinen. Vgl. ebd., 21.
[cii] Vgl. ebd., 21f.
[ciii] Vgl. ebd., 23. Vgl. auch Peusgens: Ministranten (Ministrantinnen?). Eine historische kirchen- und liturgierechtliche Untersuchung, in Pastoralblatt für die Diözesen Aachen, Berlin, Essen Hildesheim, Köln, Osnabrück 5 (1989), 148.
[civ] Vgl. SC 7
[cv] Vgl. ebd.
[cvi] Vgl. ebd.
[cvii] SC 10
[cviii] Vgl. SC 14.
[cix] Vgl. SC 26.
[cx] Vgl. SC 35.
[cxi] Vgl. SC 36.
[cxii] Vgl. SC 37-39.
[cxiii] Vgl. SC Kapitel 2-7.
[cxiv] SC 14.
[cxv] Hobelsberger, Ministrantenarbeit zwischen Liturgie und Jugendpastoral, 24.
[cxvi] LG 10.
[cxvii] SC 29.
[cxviii] Hobelsberger, Ministrantenarbeit, 25.
[cxix] SC 29.
[cxx] *Apostolicam Actuositatem*, (AA) 12, in: AAS 58 (1966), 837-864. Deutsche Übersetzung zit. nach: Rahner/Vorgrimler, Kleines Konzilskompendium, 403f.
[cxxi] AA 12.
[cxxii] Vgl. *Gravissimun Educationis*, (GE) 7, in: AAS58 (1966), 728-739. Deutsche Übersetzung zit. nach: Rahner/Vorgrimler, Kleines Konzilskompendium, 342.
[cxxiii] Vgl. SC 14.
[cxxiv] Wittemman/Weidinger (Hg.): Ministrantenarbeit. Werkbuch für Leiter von Ministranten-Gruppen, 24.
[cxxv] Weisberger: der CIM (Coetus Internationalis Ministrntium) in seiner historischen Entwicklung seit seiner Gründung bis heute, in: Internet: http//www.afj.de/cim/cimwueu/cimhist.html (gefunden am 10.06.2005)
[cxxvi] Vgl. Wittemann/Weidinger, Ministrantenarbeit, 25.
[cxxvii] Vgl. ebd., 26.
[cxxviii] Streib: Ministrantenseelsorge heute – Eine Darstellung gegenwärtiger Fragen, in: Biemer/Tzschetzsch (Hg.): Handbuch kirchlicher Jugendarbeit, Bd. 4, Jugend der Kirche. 210-228, 210.
[cxxix] Paul VI.: Ministeria Quaedam, Das Motuproprio zur Neuordnung der ersten Tonsur, der Niederen Weihen und des Subdiakonats in der lateinischen Kirche (MQ) 6, in: AAS 64 (1972), 529-534. Deutsche Übersetzung zit. nach: Rennings/Klöckner (Hg.): Dokumente zur Erneuerung der Liturgie, 2886.
[cxxx] Vgl. Nussbaum, Geschichte und Reform des Gottesdienstes, 236.
[cxxxi] Vgl. MQ 7.
[cxxxii] Vgl. CIC 1917, c. 813 § 2.
[cxxxiii] Kongregation für Sakramente und den Gottesdienst: *Inaestimabile donum,* Die Instruktion über einige Normen zur Feier und Verehrung des Geheimnisses der heiligen Eucharistie 18, in: AAS 72 (1980), 331-343. Deutsche Übersetzung zit. nach: Reinnings/Klöckner (Hg.): Dokumente zur Erneuerung der Liturgie, Bd. 2, Dokumente des Apostolischen Stuhls 4.12,.1973- 3.12.1983, Kevelaer 1997, 3979.
[cxxxiv] Vgl. *Ordo Missae* 70, in Rennigs/Klöckner, Dokumente zu Erneuerung der Liturgie, Bd.1, 1465.
[cxxxv] Vgl. Wittemman/Weidinger, Ministrantenarbeit, 41.
[cxxxvi] Vgl. Klenkhart, Ministrant/inn/enseelsorge, 18f.

[cxxxvii] Pilz/Weber: ... damit es ein Fest wird. Werkbuch für Ministrantenarbeit, 122.
[cxxxviii] *Codex Iuris Canonici*, c. 230 §1-2, in Rennings/Klöckner, Dokumente zur Erneuerung der Liturgie, Bd. 2, 4280.
[cxxxix] Vgl. Flatten: Das Verbot der Messdienerinnen, in: Pastoralblatt für die Diözesen Aachen, Berlin, Essen, Köln, Osnabrück 6 (1986), 183f.
[cxl] Vgl. Klarstellung zu der am 8.4.1986 von Kardinal Augustin Mayer, den Präfekten der Gottesdienstkongregation, gemachten Erklärung vor der Presse vom 11. April in: Sekretariat der Deutschen Bischofskonferenz (Hg.): Der Apostolische Stuhl 1986. Ansprachen, Predigten und Botschaften des Papstes, Erklärung der Kongregation, Vollständige Dokumentation, Köln/Città del Vaticano o. J., 1922.
[cxli] Vgl. *Pontificium Consilium de Legum Texstibus Interpretandis: Responsio ad propositum dubium*, in: AAS 86 (1994), 541. Deutsche Übersetzung zit. nach: Müller: Die Päpstlichen Entscheidungen von 1992/1994, in: Erzbischöfliches Jugendamt München (Hg.): Minimaterialen 2001. Materialien zum Jahresthema für die Ministrantenarbeit im Schuljahr 2000/2001, München 2000, 11.
[cxlii] Vgl. *Congregation de Cultu Divino et Disciplina Sacramentorum: Litteras circulares*, in AAS 86 (1994), 541f., Deutsche Übersetzung zit. nach: Müller , Die päpstliche Entscheidung, 11f.
[cxliii] Ebd., 12.
[cxliv] Ebd.
[cxlv] Vgl. Kongregation für den Gottesdienst und die Sakramentenordnung: Brief der Kongregation an einen Bischof betreffend Ministrantinnen, in: Notitiae 1-2 (2002), 53f.
[cxlvi] Vgl. Mühlbacher: Ministrantenarbeit europäisch der CIM stellt sich vor, in: ihd 3 (1992), 81f.
[cxlvii] Vgl. Statuten des CIM, 1, in: Internet: http//www.afj.de/cim/cimwueu/cimstats.html (gefunden am 10.06.2005)
[cxlviii] Vgl. ebd.
[cxlix] Vgl. Weißberger, der CIM in seiner historischen Entwicklung, 1f.
[cl] Vgl. Statuten des CIM, 4.4.
[cli] Vgl. Zulehner: Pastoraltheologie: Bd. 2, Gemeindepastoral. Orte christlicher Praxis, 60.
[clii] Vgl. ebd.
[cliii] Wieh: Konzil und Gemeinde. Eine systematisch-theologische Untersuchung zum Gemeindeverständnis des zweiten Vatikanischen Konzils in pastoraler Absicht (Frankfurter Theologische Studien 25), Frankfurt 1978, 211, zit. nach: Zulehner, Pastoraltheologie, Bd. 2, 50.
[cliv] Vgl. Zulehner, Pastoraltheologie, 53.
[clv] Die pastoralen Dienste in der Gemeinde, in: Gemeinsame Synode der Bistümer in der Bundesrepublik Deutschland, 605.
[clvi] Vgl. Zulehner, Pastoraltheologie, Bd. 2, 86.
[clvii] KKK 1144. Vgl. SC 28.
[clviii] SC 10.
[clix] Vgl. SC 26.
[clx] Vgl. KKK 1142, 1547.
[clxi] Vgl. KKK 1143.
[clxii] SC 29.
[clxiii] Vgl. Kunzler: Leben in Christus. Eine Laienliturgie zur Einführung in die Mysterien des Gottesdienstes, 262.
[clxiv] Vgl. ebd., 260f.
[clxv] Bettazzi, Luigi: Das zweite Vatikanum, Pfingsten unserer Zeit, 32.
[clxvi] Vgl. Sc 9.
[clxvii] Vgl. Richter: Liturgie als Verwirklichung der Gemeinde, in: ihd 1 (1990), 42-52.
[clxviii] Hobelsberger, Ministrantenarbeit, 60.
[clxix] Vgl. Gemeinsame Grundsatzerklärung der Verantwortlichen in der Ministrantenarbeit aus den Diözesen der Bundesrepublik, in: Biemer/Tzscheetzsch, Handbuch kirchlicher Jugendarbeit, Bd. 4, 217-220,218.
[clxx] Vgl. Frisch: Wer mir dienen will...: Bd. 3, Handbuch für Leiter von Ministrantengruppen, 14f. Vgl. auch Maas-Ewerd: Ministrantendienst und Gemeinde, in: Anzeiger für die katholische Geistlichkeit 86 (1977), 384-390.
[clxxi] Vgl. Frisch, wer mir dienen will, Bd. 3 14.
[clxxii] Vgl. Gemeinsame Grundsatzerklärung, 219.
[clxxiii] Hoellen: Ministranten – „Mädchen für alles"?, in: Gottesdienst 11 (1977), 53.
[clxxiv] Vgl. ebd.
[clxxv] Vgl. Wittemman/Weidinger, Ministrantenarbeit, 90.
[clxxvi] Informationen, Wir sitzen alle in einem Boot, in: in heiligen Dienst 4 (1980), 288.
[clxxvii] Gwerder, Edwin: Mehr als eine Symbolfigur. Um eine Neu-Profilierung der Ministranten, in Gottesdienst 9 (1978), 67.
[clxxviii] Vgl. Nothelle, Claudia: Ministrant, in: LThK^{3}, Bd. 7, 271f.
[clxxix] Vgl. Katholische Jungschar, Ministrant/innen Pastoral, 4.
[clxxx] Vgl. Bischöfliches Jugendamt/Diözesanstelle des BDKJ Münster (Hg.): Ministrantendienst – Zeichen lebendiger Gemeinde, 17.
[clxxxi] Vgl. Büsch: Ziele und Aufgaben der Ministrantenpastoral, in: Büsch, Handbuch der Ministrantenpastoral, 115-131, 116.
[clxxxii] Vgl. Gemeinsame Grundsatzerklärung, 218.
[clxxxiii] Vgl. ebd.
[clxxxiv] Vgl. Gwerder, Mehr als eine Symbolfigur, 66.
[clxxxv] Gemeinsame Grundsatzerklärung, 218.
[clxxxvi] Vgl. ebd.
[clxxxvii] Vgl. ebd., 219.
[clxxxviii] Vgl. Jansen: Ziele und Möglichkeiten der Ministrantenarbeit: ihd 4 (1988), 234f.
[clxxxix] Ebd., 219.
[cxc] Streib, Ministrantenseelsorge, 217.
[cxci] KKK 1071f.
[cxcii] Vgl. Streib, Ministrantenseelsorge, 216.
[cxciii] Maas-Ewerd, Ministrantendienst und Gemeinde, 390.
[cxciv] Vgl. ebd.
[cxcv] Vgl. Holl, Gemeinde, 99.
[cxcvi] Vgl. Sekretariat der Deutsche Bischofskonferenz, Ministranten, 12.
[cxcvii] Vgl. ebd.
[cxcviii] Vgl. Streib, Ministrantenseelsorge, 216.
[cxcix] Lengeling, Liturgie – Dialog zwischen Gott und Mensch, 64.
[cc] Vgl. Sekretariat der Deutsche Bischofskonferenz, Ministranten, 11.
[cci] Stuflesser, „Heiliger Ernstfall", 12.
[ccii] Hauerland, Gottesdienst als »Kulturleistung«, 77.
[cciii] Vgl. Sekretariat der Deutsche Bischofskonferenz, Ministranten, 11.
[cciv] Vgl. Ordo Missae 82-152, vgl. auch Coetus Internationalis Ministrantium (Hg.): Vor Dir zu stehen und Dir zu dienen. Der Dienst der Ministrantinnen und Ministranten in der Feier der Eucharistie, Paderborn 1994.
[ccv] Vgl. Meßner, Einführung in die Liturgiewissenschaft, Paderborn u.a. 2001,171-172.

[ccvi] Vgl. Meßner, Einführung in die Liturgiewissenschaft, 172.
[ccvii] Vgl. Sekretariat der Deutsche Bischofskonferenz, Ministranten, 11.
[ccviii] Vgl. Meßner, Einführung in die Liturgiewissenschaft, 181.
[ccix] Vgl. Sekretariat der Deutsche Bischofskonferenz, Ministranten, 11.
[ccx] Vgl. Meßner, Einführung in die Liturgiewissenschaft, 192.
[ccxi] Vgl. ebd., 182
[ccxii] Vgl. ebd., 195.
[ccxiii] Vgl. Sekretariat der Deutsche Bischofskonferenz, Ministranten, 11.
[ccxiv] Vgl. ebd.
[ccxv] Vgl. ebd.
[ccxvi] Vgl. Meßner, Einführung in die Liturgiewissenschaft, 220.
[ccxvii] Vgl. Sekretariat der Deutsche Bischofskonferenz, Ministranten, 11.
[ccxviii] Vgl. SC 26.
[ccxix] Vgl. Hück, Anneliese: Nicht nur Glockenläuten!, 81.
[ccxx] Vgl. Sekretariat der Deutsche Bischofskonferenz, Ministranten, 11-12.
[ccxxi] Vgl. Hück, Nicht nur Glockenläuten!, 94.
[ccxxii] Vgl. Vgl. Pohl, Der Ministrant. Was er ist und was alles zu seinem Dienst gehört, 82f.
[ccxxiii] Vgl. SC 26.
[ccxxiv] Vgl. Sekretariat der Deutsche Bischofskonferenz, Ministranten, 12.
[ccxxv] SC 60.
[ccxxvi] Vgl. Berger, Ruppert: Neues Pastoralliturgisches Handlexikon, 459.
[ccxxvii] Vgl. Sekretariat der Deutsche Bischofskonferenz, Ministranten, 12.
[ccxxviii] Vgl. SC 81f.
[ccxxix] Vgl. Die kirchliche Begräbnisfeier, 14.
[ccxxx] Vgl. SC 35.
[ccxxxi] Vgl. Berger, Pastoralliturgisches Handlexikon, 555.
[ccxxxii] Vgl. Sekretariat der Deutsche Bischofskonferenz, Ministranten, 11.
[ccxxxiii] Vgl. ebd.
[ccxxxiv] Vgl. ebd.
[ccxxxv] Rahner/Vorgrimmler: Kleines Konzilskompendium, 19.
[ccxxxvi] Ebd., 24.
[ccxxxvii] Vgl. Hobelsberger, Ministrantenarbeit, 24.
[ccxxxviii] Vgl. Punkt 1.4.2. dieser Arbeit.
[ccxxxix] SC 29.
[ccxl] Büsch, Ziele und Aufgaben der Ministrantenpastoral, 120f.
[ccxli] Vgl. ebd., 119.
[ccxlii] Vgl. ebd., 129.
[ccxliii] Vgl. ebd., 123f.
[ccxliv] SC 29.
[ccxlv] Ebd.
[ccxlvi] Haunerland, Mystagogie, liturgische Bildung und Feierkultur, 347.
[ccxlvii] Sekretariat der Deutsche Bischofskonferenz, Ministranten, 15.
[ccxlviii] Stuflesser, ‚Heiliger Ernstfall', 11.
[ccxlix] Vgl. ebd., 12.
[ccl] Vgl. SC 14.
[ccli] SC 10.
[cclii] Büsch, Ziele und Aufgaben der Ministrantenpastoral, 124.
[ccliii] Vgl. KKK 2639
[ccliv] Berger, Pastoralliturgisches Handlexikon, 310.
[cclv] Vgl. ebd., 113f.
[cclvi] SC 14.
[cclvii] Vgl. 2.2.1. dieser Arbeit.
[cclviii] Eham, Vom Erleben zum Verstehen, 122
[cclix] Vgl. Sekretariat der Deutsche Bischofskonferenz, Ministranten, 7 (Einleitung).
[cclx] Tilmann, Ministranten – Frömmigkeit, in: Katechetische Blätter 73 (1948), 254.
[cclxi] Vgl. SC 14.
[cclxii] Vgl. Jansen, Ziele und Möglichkeiten, 236.
[cclxiii] Vgl. SC 14.
[cclxiv] Sekretariat der Deutsche Bischofskonferenz, Ministranten, 21.
[cclxv] Vgl. Schülerduden »Die Pädagogik«, Artikel: Indirekter Unterricht, 190.
[cclxvi] Vgl. Peterßen, Handbuch Unterrichtsplanung, 172.
[cclxvii] Sekretariat der Deutsche Bischofskonferenz, Ministranten, 15.
[cclxviii] Vgl. Schauber, Pattloch-Namenskalender, 236.
[cclxix] Vgl. ebd. 66.
[cclxx] Vgl. Zulehner, Leibhaftig glauben, 15f.
[cclxxi] Zulehner, Leibhaftig glauben, 15.
[cclxxii] Vgl. Katholische Jungschar, In der Mitte sind die Kinder, 66f
[cclxxiii] Vgl. Jansen, Blick nach innen - IV. und letzter Teil, in: Mini-Börse 4 (2001), 198.
[cclxxiv] Sekretariat der Deutsche Bischofskonferenz, Ministranten, 19. In diesem Dokument werden auch jene Elemente erwähnt, die Inhalt der liturgischen Ausbildung sein sollen und im Text beschrieben werden.
[cclxxv] Vgl. SC 102f.
[cclxxvi] Zu den Inhalten der Liturgischen Bildung vgl. auch Schredl, Wir Minis. Für junge Leute, die einer großen Sache dienen, Freiburg/Basel/Wien 2000, 11-111.
[cclxxvii] Sekretariat der Deutsche Bischofskonferenz, Ministranten, 18f. Vgl. auch SC 33.
[cclxxviii] Ebd., 18.
[cclxxix] Ebd., 19.
[cclxxx] Ebd.
[cclxxxi] SC 61.
[cclxxxii] Sekretariat der Deutsche Bischofskonferenz, Ministranten, 19.

[cclxxxiii] Vgl. SC 9.
[cclxxxiv] Sekretariat der Deutsche Bischofskonferenz, Ministranten, 19.
[cclxxxv] SC 12.
[cclxxxvi] Vgl. Zulehner, Leibhaftig glauben, 15.
[cclxxxvii] Vgl. Katholische Jungschar, In der Mitte sind die Kinder, 34.
[cclxxxviii] Ebd., 22.
[cclxxxix] Kongregation für den Gottesdienst: Direktorium für Kindermessen, 8, in : Rennings/Klöckener, Dokumente zur Erneuerung der Liturgie, Bd.1, 3122.
[ccxc] Sekretariat der Deutsche Bischofskonferenz, Ministranten, 15.
[ccxci] Vgl. Zulehner, Kind in ihrer Mitte, 77.
[ccxcii] Büsch/Kohl/Seif, Spiritualität für MinistrantInnen, 150.
[ccxciii] Ebd., 152.
[ccxciv] Ebd.
[ccxcv] Vgl. Benedikt XVI., Wer hilft uns leben?, 92-94.
[ccxcvi] Vgl. Büsch/Kohl/Seif, Spiritualität, 154.
[ccxcvii] Ebd.
[ccxcviii] Vgl. ebd., 154f.
[ccxcix] Vgl. ebd., 155.
[ccc] Ebd., 155.
[ccci] Vgl. SC 33.
[cccii] Sauer, Liturgische Bildung im Rahmen der Ministrantenarbeit, in: Pastoralblatt für die Diözesen Aachen, Berlin, Essen, Hildesheim, Köln, Osnabrück, 4 (1989), 114.
[ccciii] Vgl. ebd.
[ccciv] Vgl. Sekretariat der Deutsche Bischofskonferenz, Ministranten, 16.
[cccv] Vgl. ebd.
[cccvi] KKK 1468.
[cccvii] Vgl.: Bärsch, „Von größtem Gewicht für die Liturgiefeier ist die heilige Schrift“ (SC 24), zur Bedeutung der Bibel im Kontext des Gottesdienstes, in LJ 53 (2003) 222-241.
[cccviii] Vgl. Johannes Paul II.: Dienen im Geist der Ehrfurcht, Ansprache an die Teilnehmer des internationalen Ministrantentreffens auf dem Petersplatz, in Sekretariat der Deutschen Bischofskonferenz (Hg.): Der Apostolische Stuhl 1986. Ansprachen Predigten und Botschaften des Papstes, Erklärungen der Kongregationen, Vollständige Dokumentationen, Köln/Città del Vaticano o.J., 1246f.
[cccix] Sauer, Liturgische Bildung, 114.
[cccx] Vgl. Büsch/Kohl/Seif, Spiritualität, 155.
[cccxi] Vgl. ebd.
[cccxii] Vgl. ebd.
[cccxiii] Vgl. ebd.
[cccxiv] Frisch, Wer mir dienen will, Bd. 3, 17.
[cccxv] Ebd.
[cccxvi] Vgl. ebd.
[cccxvii] Die Deutschen Bischöfe, Katechese in veränderter Zeit, 25.
[cccxviii] Vgl. Weinschenk, Pädagogik Don Boscos, 205.
[cccxix] Vgl. ebd. 114f.
[cccxx] Vgl. ebd., 118f.
[cccxxi] Vgl. ebd., 215.
[cccxxii] Vgl. ebd., 118f.
[cccxxiii] Vgl. ebd., 212.
[cccxxiv] Vgl. ebd., 205f.
[cccxxv] Vgl. ebd.
[cccxxvi] Vgl. ebd., 130-132.
[cccxxvii] CIC, can. 528 § 2.
[cccxxviii] Vgl. Priwratzky, Die Pädagogik Don Boscos, 91-93.
[cccxxix] Zulehner, Leibhaftig glauben, 15.
[cccxxx] Katholische Jungschar, In der Mitte sind die Kinder, 70.
[cccxxxi] Ebd.
[cccxxxii] Vgl. ebd.
[cccxxxiii] Österreichisches Pastoralinstitut (Hg.): Kinderpastoral, 10.
[cccxxxiv] Vgl. ebd.
[cccxxxv] Vgl. Sekretariat der Deutsche Bischofskonferenz, Ministranten, 21.
[cccxxxvi] Vgl. Hobelsberger, Ministrantenarbeit als jugendpastorales Handlungsfeld, 77, in: Gottes Volk 71 (1991).
[cccxxxvii] Vgl. ebd., 77.
[cccxxxviii] Vgl. ebd., 78.
[cccxxxix] Ebd., 79.
[cccxl] Vgl. ebd., 79f.
[cccxli] Vgl. ebd., 81.
[cccxlii] Vgl. ebd., 81f.
[cccxliii] Ebd. 82.
[cccxliv] Ebd., 82f.
[cccxlv] Ebd., 83.
[cccxlvi] Vgl. Ottermann, Freiheit und Verantwortung, in: ihd 3 (1990), 133.
[cccxlvii] Vgl. Klinger, Gaudium et Spes, 22.
[cccxlviii] Klinger, Gaudium et Spes, 22f.
[cccxlix] CELAM: Jugend, Kirche und Veränderung. Ein pastoraler Entwurf zum Aufbau der Zivilisation der Liebe, zit. nach: Klinger, Gaudium et Spes, 29.
[cccl] Vgl. Zulehner, Leibhaftig glauben, 33.
[cccli] Bellebaum: Gruppe, 188f.
[ccclii] Vgl. Büsch/Kohl/Seif, Spiritualität, 150.
[cccliii] Vgl. Klein, Gruppenleiten, 25.
[cccliv] Vgl. ebd., 18.
[ccclv] Vgl. Klenkhart, Ministrant/inn/enseelsorge, 54.

[ccclvi] Vgl. Priwatzky, Pädagogik Don Boscos, 88f.
[ccclvii] Vgl. Klein, Gruppenleiten, 21f.
[ccclviii] Vgl. Klenkhart, Ministrant/inn/enseelsorge, 55.
[ccclix] Vgl. ebd., 54.
[ccclx] Vgl. Schilling, Leitfaden für Gruppenleiter, 96f.
[ccclxi] Vgl. Klenkhart, Ministrant/inn/enseelsorge, 54.
[ccclxii] Bischöfliches Seelsorgeamt, Abteilung Bischöfliches Jugendamt (Hg.): Konzepte kirchlicher Jugendarbeit, Nr. 3, Konzept für Ministrantenarbeit, 10.
[ccclxiii] Orientierungsrahmen für die Ministrantenarbeit der Erzdiözese Freiburg, zit. nach: Bischöfliches Seelsorgeamt, Konzepte kirchlicher Jugendarbeit, 10.
[ccclxiv] Vgl. Frisch, wer mir dienen will, Bd. 3, 22. Vgl. auch Frisch, Herman J.: Unser Ministrantendienst, 83.
[ccclxv] Moser-Fendel/Büsch: Gruppen in der Ministrantenarbeit., in Büsch (Hg.): Handbuch der Ministrantenpastoral, 193-214, 205.
[ccclxvi] Vgl. GE 3.
[ccclxvii] Österreichisches Pastoralinstitut, Texte der Pastoralkommission Österreichs, 10.
[ccclxviii] Vgl. GE 3.
[ccclxix] *Presbyterorum Ordinis,* (PO) 6, in: AAS 58 (1966), 728-739. Deutsche Übersetzung zit. nach: Rahner/Vorgrimler, Kleines Konzilskompendium, 570f.
[ccclxx] Die deutschen Bischöfe, Katechese in veränderter Zeit, 29.
[ccclxxi] Vgl. Österreichisches Pastoralinstitut, Texte der Pastoralkommission, 11.
[ccclxxii] Ebd.
[ccclxxiii] Vgl. ebd., 12.
[ccclxxiv] Büsch, Ziele und Aufgaben der Ministrantenpastoral, 121.
[ccclxxv] Sekretariat der Deutschen Bischofskonferenz, Ministranten, 17.
[ccclxxvi] Vgl. Punkt 1.3.1. dieser Arbeit
[ccclxxvii] MD 198.
[ccclxxviii] Vgl. Punkt 1.2.1. dieser Arbeit
[ccclxxix] Vgl. SC 29.
[ccclxxx] Vgl. Punkt 1.2.1. dieser Arbeit
[ccclxxxi] Vgl. Johannes Paul II.: Helfer des Pfarrers und freunde Jesu Christi, in: L´Osservatore Romano (Wochenausgabe in deutscher Sprache), 32/33 (2001), 7.
[ccclxxxii] PO 11.
[ccclxxxiii] Vgl. Greshake, Priester sein in dieser Zeit, 370.
[ccclxxxiv] Sekretariat der SBK (1998) 14 zit. nach: Greshake, Priester, 372.
[ccclxxxv] Vgl. Niederberger, Werbung für Priesterberufe, 528.
[ccclxxxvi] Vgl. Punkt 2.1.2. dieser Arbeit
[ccclxxxvii] Vgl. Sekretariat der deutschen Bischofskonferenz, Ministranten, 22.
[ccclxxxviii] Vgl. *Christus Dominus*, (CD) 30, AAS 57 (1965), 5-71. Deutsche Übersetzung zit. nach Rahner/Vorgrimler, Kleines Konzilskompendium, 275f.
[ccclxxxix] Vgl. ebd.
[cccxc] Vgl. ebd.
[cccxci] Vgl. ebd.
[cccxcii] Vgl. Sekretariat der Deutschen Bischofskonferenz, Ministranten, 22.
[cccxciii] SC 10.
[cccxciv] CD 30.
[cccxcv] Vgl. SC 29.
[cccxcvi] Vgl. Punkt 2.1.1. dieser Arbeit
[cccxcvii] Vgl. SC 14.
[cccxcviii] Vgl. Punkt 2.2.1. dieser Arbeit
[cccxcix] Vgl. ebd.
[cd] AA 30.
[cdi] Vgl. Bischöfliches Seelsorgeamt, Konzepte kirchlicher Jugendarbeit, 18.
[cdii] Vgl. Sekretariat der Deutschen Bischofskonferenz, Ministranten, 22.
[cdiii] Vgl. Punkt 2.1.2. dieser Arbeit.
[cdiv] Vgl. Bischöfliches Seelsorgeamt, Konzepte kirchlicher Jugendarbeit, 18.
[cdv] Vgl. Punkt. 3.3.3.2. dieser Arbeit.
[cdvi] Streib, Ministrantenseelsorge, 228. Vgl. auch Möglichkeiten zur Finanzierung der Ministrantenarbeit, in: Bischöfliches Seelsorgeamt, Konzept kirchlicher Jugendarbeit, 26f.
[cdvii] LG 26.
[cdviii] Sekretariat der Deutschen Bischofskonferenz, Ministranten, 23.
[cdix] Vgl. ebd.
[cdx] Vgl. ebd.
[cdxi] Vgl. Büsch, Strukturen und Konzepte der Ministrantenpastoral, 274f., in: Büsch, Handbuch der Ministrantenpastoral, 269-279.
[cdxii] Vgl. Streib, Ministrantenseelsorge, 227.
[cdxiii] Vgl. Büsch, Strukturen und Konzepte, 278.
[cdxiv] Vgl. Sekretariat der Deutschen Bischofskonferenz, Ministranten, 24.
[cdxv] Vgl. Punkt 1.5.5. dieser Arbeit.

Printed by Books on Demand GmbH, Norderstedt / Germany